JN078865

新 乳幼児発達心理学 ［第2版］

子どもがわかる　好きになる

［編著］石井正子
向田久美子
坂上裕子

福村出版

はじめに

　このテキストは 20 年以上にわたって、発達心理学の入門書として多くの先生方に授業で使っていただき、何万人もの学生がこのテキストを使って、乳幼児の発達の姿を学び、保育者として巣立っていきました。

　この間に、日本社会も、子育てを取り巻く状況も大きく変わりました。少子高齢化と女性の社会進出が急速に進み、高度情報化社会となり、地域社会の人間関係は希薄化しています。1999 年に出した初版の「はじめに」で、このテキストの生みの親である繁多進先生がすでに「子どもの発達を支えると同時に、親の子育てを支援していくことが、保育士や幼稚園教諭に求められる重要な機能になってきている」と書かれ、2010 年の改訂版でも「この機能は、10 年後の今日、ますます重要なものになってきています」と述べられています。

　2011 年に起きた東日本大震災は、多くの人々の命と穏やかな日常生活を一瞬にして奪い去り、悲しみと不安が社会全体を覆う日々が続きました。あそび、笑い、走り回り、生きていることの喜びを全身で表現することが子どもの姿だとすれば、放射能汚染の恐怖で外あそびを制限されて、家の中での生活を余儀なくされた子どもたちの日々はどんなにか息苦しいものだったでしょう。そこから、さらに 10 年たって、今度はコロナ禍によって「人と関わること」を制限されながら、マスクをつけ、目だけを出した大人たちに囲まれて育つ子どもたちがいます。

　2023 年の今日、子育てに関わる問題はより深刻になっています。子どもの数が減り続けているにもかかわらず、子ども虐待の通告件数は年々増え続けているのです。すでに定着した少子社会の中で生まれ育った世代は、身近に乳児や子育てを見る機会をもたないまま親になり、初めて触れる赤ちゃんがわが子であるという例も少なくありません。あらゆる情報はインターネットで手に入り、困ったときにはスマートフォンで検索すれば、すぐに答えが見つかるという生活に慣れている者にとって、あまりにも理不尽で、マニュアル通りにいか

ず、それでいて 24 時間気を抜くことのできない子育てという仕事は想像を絶する過酷な作業です。さらに、実家から遠く離れた地縁も血縁もない土地で夫婦だけで子育てをするケースや、ひとり親で子育てをすることを選ぶケースも多くなっています。子どもがいない間は、地域社会につながらなくてもとくに不自由はなかったかもしれません。しかし、子育てをするためには、妊娠から出産、保育所、小児科、学校、その他諸々地域のネットワークにつながらなくては、必要な支援が受けられなくなってしまいます。

　初版で繁多先生は、保育者に「子どもの社会化のエージェント」としての役割を期待しておられました。そしていまや保育者には、子どもの発達についての専門知識をもち、子どもの行動を理解して適切な子どもの保育を行うと同時に、母親にも、父親にも子育てのガイダンスを行う役割があり、親の社会化のエージェントとしての役割もあるのです。

　一方で、どんなに社会が変化しても変わらないこともあります。赤ちゃんが身近な養育者に示す愛着（アタッチメント）は、社会化への第一歩であること、赤ちゃんは意味のある言葉を話し始める前から、養育者の語りかけに反応し、身体を動かし、声を出して、コミュニケーションをとろうとしていること、なんでも「イヤ」「ダメ」「ジブンデ」をくり返す第一次反抗期は、「自我の芽生え」であり、重要な発達のプロセスであること等々。

　今回の改訂では、初版の「子どもがわかる　好きになる」テキストというコンセプトを踏襲しつつ、新たな先生方にも執筆に加わっていただき、最新の発達心理学の研究成果を取り入れ、現代の子育て事情にも対応した内容に刷新しました。

　このテキストを使って学んだみなさんが、普遍的な子どもの発達のメカニズムを理解し、変化する社会状況に柔軟に対応して、「子どもたちの最善の利益」を守るために、子どもと社会、子どもと保護者、保護者と社会をつなぐエージェントとして活躍していただけることを願います。

2023 年 3 月
執筆者を代表して　石井正子

● 目次 ●

第 1 章 発達のしくみ

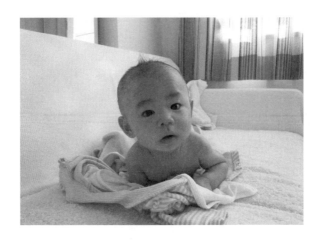

　「誰しもある側面では自分以外のすべての人々と同じであり、ある側面では一部の人々と似ており、ある側面では誰とも似ていない」といわれます。つまり、人間の発達には種としての共通性がある一方、社会・文化・歴史的要因によって集団ごとに異なる能力や行動パターンを発達させていく傾向があります。さらに、同じ集団の中でも一人ひとりをみると、独自の個性が存在しています。こうした共通性と違いは、どのようにして生まれてくるのでしょうか？

　私たちの発達は、進化の中でつくり上げられてきた生物学的基盤、親から受け継いだ遺伝的素因、子どもを社会化する文化的慣習や制度、親をはじめとする養育者の考えや実践、発達する主体の意思など、多様な要因が絡み合って、形づくられていきます。ここでは、発達のとらえ方、初期経験、発達の理論についてご紹介します。

1節　発達とは

▶1　生涯発達

　みなさんは、人間の発達はいつまで続くと考えていますか？　発達心理学がもともと児童心理学とよばれていたように、かつては、「子どもが大人になるまで」の心身の変化を発達とみなしていました。実際、子どもの発達はめざましく、乳児から青年にいたるまでは、見た目も変われば、言うこともすることも大きく変化します。一方、成人期は安定不変の時期とみなされ、老年期に生じる変化は老化や衰退のみという見方が主流でした。このことは、発達段階の区分にも表れています。一般に、変化の激しい子ども時代は、乳児期、幼児期、児童期、思春期、青年期と細かく区分されているのに対し、その後の人生は成人期と老年期の2つにまとめられてきました。

　その後、発達に関する研究が進み、また平均寿命の延伸や青年期の長期化といった社会変動の影響もあり、発達心理学は「子どもから大人まで」だけでなく、「受精から死にいたるまで」を扱う**生涯発達心理学**へと発展していきました。本書は乳幼児の発達に焦点を当てていますが、本節では生涯発達という視点から、それ以外の発達段階にも触れていきたいと思います。

　発達段階のうち、もっとも長いとみなされているのが成人期です。約30～40年に相当するこの時期に、多くの人は、仕事をする、結婚する、生計を維持する、子どもを育てる、地域と関わる、同僚や家族との関係を維持する、といったさまざまな役割を担います。いずれの活動も、スキルや計画性、自己調整や他者への配慮を要し、長期にわたる責任を伴うものです。今では、これらの経験が、成人のパーソナリティの成熟や、知的能力の維持や向上につながっていることが明らかにされています。さらに、老年期においても、英知の獲得や肯定的な感情制御といった発達的変化がみられることが示されています。

　胎児期の発達についても、多くのことがわかってきました。胎児は母親の胎内で身体や脳神経を発達させ、原始反射やジェネラルムーブメント（コラム

2）などの自発運動を行い、出生後の生活に備えています。初期はレム睡眠（動睡眠）により多くの時間を眠って過ごしますが、出生が近づくにつれ、ノンレム睡眠（静睡眠）と覚醒時間が増え、記憶や学習も始まります。このように、赤ちゃん、子ども、大人、お年寄りのそれぞれが、自らを取り巻く環境と相互作用しながら、発達的変化を遂げているといってよいでしょう。

　現在の発達心理学が目指しているのは、たんに「何歳ごろになると○○ができる」といった、年齢に伴う平均的な発達的変化を示すことだけではありません。さまざまな発達的変化を引き起こす要因の解明や、変化のパターンにみられる個人差、さらには変化しない部分（生涯にわたる安定性や連続性）にも目を向けるようになっています。

▶2　獲得と喪失のダイナミズム

　子どもの発達が主な研究対象であったころは、発達は一次元的で、一方向的に進むものと考えられていました。身体や運動発達にせよ、言語や認知発達にせよ、「大きくなる」「増加する」「できないことができるようになる」といった右肩上がりの変化が想定されていたのです。実際、子どもの発達においては、こうした獲得的変化が多くみられますが、一方で、喪失的変化も経験していることが示されています。

　たとえば、脳細胞をつなぐシナプスの形成は、胎生期から徐々に始まり、1〜2歳でピークを迎え、その後は減少し、適応に必要なシナプスのみが残っていきます（図1-1）。これは、シナプスの過形成、そして**刈り込み**とよばれる現象です。最近の研究では、この刈り込みが適切になされないと、神経回路の機能不全が生じる可能性があると指摘されています。また、赤ちゃんは母語以外の言語に含まれる音素の識別ができるのですが、生後1年近く経つと、そうした能力を失っていきます。その代わり、母語の使い手としての能力を高めていくのです。このように、人間は多様な環境に対応できるように生まれながらも、生後の環境との相互作用を通して、不要なものはそぎ落とし、必要なもののみを残していくといえるでしょう。

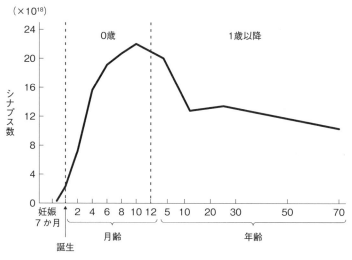

図1-1　脳の視覚野のシナプスの発達的変化
（Huttenlocher, 1994; 鈴木ほか, 2016 をもとに作成）

　青年や成人の発達においても、獲得と喪失はつきものです。たとえば、学校や社会で私たちはさまざまな知識やスキルを習得します。このうち頻繁に使用する知識やスキルは身につきますが、あまり使用する機会がないものは徐々に忘れてしまうものです。また、結婚や育児、就職や退職などのライフイベントにも、獲得的側面と喪失的側面があります。たとえば、子どもを産み、育てることは、親役割の獲得や人間的成長をもたらす一方で、それまで享受していた時間的・経済的ゆとりを失い、夫婦間葛藤を高める可能性が指摘されています。定年退職も、職場での人間関係や経済的基盤の喪失をもたらしますが、その分新しいことにチャレンジしたり、社会貢献したりする時間的・精神的ゆとりを生み出します。

　このように、発達における獲得と喪失は、総じて、トレードオフの関係にあるといえます。つまり、何かを得ることで何かを失い、何かを失うことで新たに得るものがあるということです。一般に、成人期半ば以降は喪失的変化が多くなりますが、これも成人がそれまでに獲得してきたものが多いゆえと考えら

れます。発達は、右肩上がりに進む一次元的・一方向的なものとは限らず、いくつもの側面が獲得と喪失をくり返しながら進む多次元的・多方向的なものといえるでしょう。

▶3　発達のしくみ

　比較行動学者のポルトマンは、人間の発達の特殊性を**生理的早産**ということばで表現しました。人間の赤ちゃんは、他の高等哺乳類と比べて、きわめて未熟な状態で生まれ、かつ成体に達するまでの期間が非常に長いという特徴をもっています。このことは、人間が環境の影響を受けて変化しやすい、つまり学習に対して開かれた存在であること、子どもの養育に果たす大人や社会の役割が総じて大きいことを意味しています。

　人間の心や身体は、妊娠・出産のプロセスも含め、そもそも長い進化の過程を経て築き上げられてきたものです。たとえば、人類という種に特有の行動である二足歩行や言語使用は、どの文化圏であっても、1〜1歳半ごろに発達します。これらは遺伝的にプログラミングされた行動といえますが、極端な環境剥奪（まったく言語に触れる機会がないなど）を経験すると、十分に育たない可能性もあるということです。

　そのほか、人間が社会の中で生きていくために必要な能力も、ある程度遺伝的に組み込まれていることが示唆されています。たとえば、赤ちゃんは視聴覚刺激の中でも人の顔や声によく反応し、**社会的志向性**を備えていることがわかっています。赤ちゃんのもつ、小さくて丸っこく、頭が大きいといった外観（**ベビー図式**, 図1-2）や、新生

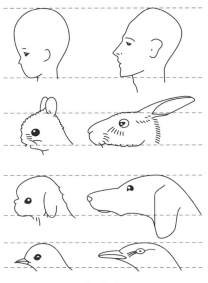

図 1-2　ベビー図式（Lorenz, 1943）

児期にみられる**生理的微笑**や**共鳴動作**などは、周囲の人々をひきつけ、養育行動や愛情を引き出すのに役立っています。身体的な脆弱性とは対照的に、一定の社会的な有能性（他者の注意を引き、自らも注意を払う傾向）をもって生まれてくるといえるでしょう。

　このような種に共通する生物学的基盤に加え、一人ひとりが親から受け継ぐ固有の遺伝的素因もあります。同じ親から生まれたきょうだいでも、赤ちゃんのころによく泣き、なかなか眠らない子どももいれば、あまり泣かずによく眠る子どももいます。心理学では、発達早期にみられるこうした個人差のことを**気質**とよんでいます。気質は、乳児の活動性や生理的リズムの安定性、情緒的な反応の強さ、環境への順応性などを指標として測定されます。総じて扱いやすい気質だと、親は子育てに自信をもちやすくなる一方、扱いにくい気質の場合、子育てを否定的にとらえるようになるかもしれません。ただし、実際の養育行動は子どもの気質だけで決まるのではなく、親の成育歴やソーシャルサポートの有無、社会経済的地位、文化的信念など、さまざまな要因が関与しています。

　いずれにせよ、子どものもつ遺伝的素因は親をはじめとする環境と相互作用

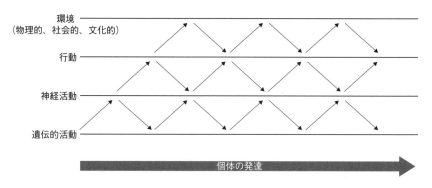

環境が行動を変え、それによって脳そのものも変化し、それによってまた行動が変わり、環境もまた変わるという多方向の影響がある。

図1-3　ダイナミック・システムズ・アプローチ
（小西・遠藤, 2012 をもとに作成）

しながら、発達を形づくっていきます。近年は、両者の相互作用をより包括的かつ力動的にとらえる**ダイナミック・システムズ・アプローチ**（図1-3）という考えも台頭してきています。また、遺伝と環境の相互作用が出生前からすでに始まっており、生涯にわたる発達を方向づける可能性も示唆されています。

▶4　発達的ニッチ

　出生前は母胎が主たる環境になりますが、出生後の環境は、より複雑な構造をなしています（本章3節参照）。もっとも身近な環境としては親や家庭があげられるでしょう。親の関わり方やしつけについては、これまでに多くの研究がなされていますが、養育という行為も、親を取り巻く社会・文化的環境と無縁ではありません。たとえば、日本では添い寝はめずらしいことではありませんが、欧米圏では一人寝のほうが一般的です。大家族で育児をする文化圏もあれば、核家族での育児が一般的な文化圏もあります。さらに、同じ文化圏であっても、紙おむつの使用を当たり前とみなす親もいれば、布おむつ派の親もいますし、おむつなしの育児に取り組んでいる親もいます。

　このように、子どもの育つ場は、その社会や文化が提供する環境、そこから親をはじめとする養育者が選び取った環境によって左右されるといえます。こうした環境のことを、**発達的ニッチ**とよんでいます。ニッチ（niche）とはもともと「壁のくぼみ」を語源とすることばですが、人間を含む生物の生息場所や生態的地位といった意味で使われています。子どもの発達的ニッチは、①物理的・社会的環境（住まいや道具、行事など）、②文化に根ざした育児習慣（しつけ方やあやし方など）、③養育者の心理（子育てに関する信念、感情など）という3つの構成要素からなっています。これらが互いに相互作用しながら、子どもの発達環境を構成しているということです。情報やモノがあふれ、さまざまな選択肢がある時代の子育ては、その分だけ養育者の考えや判断が求められることになり、悩みやゆらぎが生じやすくなるといってよいかもしれません。

　一方で、子ども自身も、このニッチ構成に能動的に関わっています。養育者をはじめとする人的・物的環境に働きかけ、自ら発達する環境をつむぎ出して

います。2、3歳ごろになると、好きな食べ物や衣類、おもちゃを選んだり、どこで何をするか、誰とあそぶかを決めたりします。養育者のほうも子どもの好みや個性に合わせて、環境を調整したり、関わり方を工夫したりしていきます。個人が働きかけることで環境が変わり、環境が変わることによって個人が変わるという相互作用の中で、人は社会・文化的存在になるとともに、ほかの誰とも違う独自の存在になっていくといえるでしょう。

2節　初期経験

▶1　初期経験とその影響

　動物や人間が発達の早期に経験することを、**初期経験**とよんでいます。初期経験とそれが後にもたらす影響を明確に示したのが、動物行動学者のローレンツが見出した**刻印づけ（インプリンティング）**です。カモやニワトリのような離巣性の鳥類は、生後10数時間後に見た動くものを追いかけるという反応を示します。さらに、性的に成熟した後は、刻印づけされた対象と同じ種に対して求愛行動を示します。このように刻印づけは、限られた時間に成立し、不可逆的である、つまり後から修正がききにくいという特徴がみられます。この限られた時間（**臨界期**）に通常は親鳥を見るわけですが、間違って違う対象、たとえば人間を見てしまうと、人間の後をついてまわるようになり、やがて人間に求愛行動をするようになってしまうということです。

　人間の初期経験についても、こうした不可逆的な傾向がみられるのでしょうか。藤永保らは、深刻なネグレクトによって心身の発達がかなり遅れていた6歳と5歳のきょうだいに対し、長期にわたる補償教育を行った結果を報告しています。当初は歩くことも話すこともできず、1歳程度の発達と診断された2人のきょうだいは、施設で丁寧な療育を受け、保育者と愛着関係を築き、学校で仲間に認められる体験をすることによって、発達の遅れを取り戻していったということです。この事例研究が示しているのは、人間の発達において、初期経験は重要であるものの、それだけで一生が決まるわけではなく、その後の経

験によって変化する可能性（**可塑性**）がある、ということでしょう。

　早期の養育環境が望ましくない場合であっても、子どもが健全に育つ可能性はあります。ワーナーらは、約700人の子どもを、胎児期から40歳になるまで7回にわたって追跡しました。対象者のうち、リスク要因（親がアルコール依存症もしくは精神疾患にかかっている、親の学歴が低い、貧困である、子ども自身の知能が低いなど）を複数もつ子どもは、ハイリスク群として位置づけられました。18歳時点での調査の結果、ハイリスク群のうち、約3分の2は何かしら問題を抱えていましたが、残りの約3分の1は非行や不適応に陥ることなく、良好な発達を遂げたということです。

　逆境、それも複数のリスクを伴う逆境にもかかわらず、良好な発達を遂げた主な要因として、以下の点があげられています。①生得的な気質が扱いやすいタイプであり、本人が社交的な性格であったこと、②家庭の中で親もしくはそれに代わる人物から、安定した情緒的なサポートを受けられたこと、③地域の中で誰かしら相談相手がいたこと、④さまざまなハンディキャップに対処する中で、自分で人生をコントロールしようとする意思や自己効力感が培われたこと、これら4点が発達にプラスに働いたといわれています。

　一方、10代のときに不適応、たとえば望まない妊娠・出産、非行などの逸脱行動を示していた子どもたちも、40歳になると、その多くが適応的な大人になっていたということです。かれらにとってターニングポイントになったのは、成人期に受けた高等教育や安定した結婚生活などでした。こうした結果を受けて、ワーナーらは、人間には**レジリエンス**、すなわち逆境をはね返す力があること、また一度道を逸れたとしても、セカンドチャンス、もしくはサードチャンスがあり、人生の軌道修正を図ることができると述べています。非行から更正し、適応的な中年期を迎えた人が少なくなかったことからも、発達の可塑性は、子どもだけでなく大人にもある、といってよいでしょう。

▶2　幼児教育の効果

　乳幼児期の否定的な経験（不適切な養育や貧困など）がもたらす影響につい

ては多くの研究がなされていますが、近年、肯定的な経験（教育的働きかけ）が子どもの将来を後押しすることもわかってきました。2000年にノーベル経済学賞を受賞したヘックマンによる研究です。1960年代に、アメリカで貧困層（かつIQが70〜84のボーダーライン）の幼児を対象とした介入実験が行われました。子どもたちに約2年間、集団保育の場を提供し、子ども主体の生活やあそびを保障する保育を行ったほか、定期的に家庭訪問を行い、親に対するさまざまなサポート（育児支援や就労支援など）を提供しました。

　3〜4歳時点での介入の後、実験群（集団保育を受けた群）と統制群（受けなかった群）のさまざまなアウトカムが比較されました。当初期待されていたIQにはほとんど変化がみられなかったのに対し、実験群の子どもたちは、自制心や集中力、粘り強さや協調性といった非認知的スキルが向上し、そのことが後の学業上の達成や社会的適応につながったということです。図1-4に示すように、小学校で特別支援教育を受ける割合が低く、中学校での成績もよいことがわかりました。また、40歳になったときの経済的・社会的適応も高いことが示されました。さらに、こうした長期的効果から算出される幼児期への投資効果は、後の発達段階（青年期や成人期）への投資効果よりもはるかに大きいことが示されたのです。

　この研究からいえるのは、たとえ知能が低めであったり、貧困であるといったハンディキャップがあったとしても、幼児期に質の高い保育を受けることにより、個人レベルでは学力や社会適応力の向上につながり、社会レベルでは経済的損失を防ぎ、社会全体の安定につながるということでしょう。

　一般に、乳幼児期に劣悪な環境で育ったり、安定した人間関係を築けなかったりすると、発達の遅れや後の行動上の問題につながる可能性が高いのですが、リスク要因を抱えた親子を早期から支援することは、後の発達を押し上げる可能性もあるのです。生涯発達の土台づくりをする乳幼児期にこそ、子どもたちが安心して安定した環境で育つことを保障する社会的な支援が求められているといえるでしょう。

教育的効果

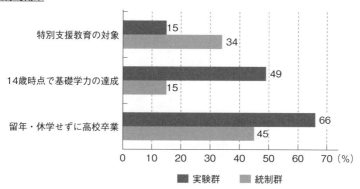

40歳時点での経済効果

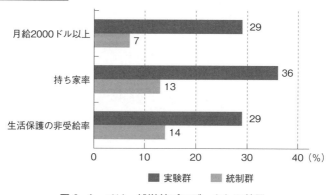

図1-4　ペリー就学前プロジェクトの効果
(ヘックマン, 2015 をもとに作成)

3節　発達の理論

▶1　エリクソンの心理社会的理論

　最後に、発達心理学の代表的な理論家を2名紹介します。まず1人めが生涯発達を最初に提唱したエリクソンです。発達には生物学的要因だけでなく、社会や文化といった環境的要因が大きく作用するという立場から、心理社会的理

表1-1　エリクソンの心理社会的発達段階

(Erikson, 1963 をもとに作成)

段階	時　　期	心理社会的危機	望ましい成果
I	乳児期（0〜1歳半）	基本的信頼　対　不信	希望（hope）
II	幼児前期（1歳半〜3歳）	自律性　対　恥・疑惑	意志（will）
III	幼児後期（3〜6歳）	自発性　対　罪悪感	目的意識（purpose）
IV	児童期（6〜12歳）	勤勉性　対　劣等感	有能感（competency）
V	青年期	自我同一性　対　同一性混乱	自分への忠誠（fidelity）
VI	前成人期	親密性　対　孤立	愛情（love）
VII	成人期	世代性　対　停滞	配慮（care）
VIII	老年期	統合性　対　絶望	英知（wisdom）

論を提唱しました。人間の生涯を8つの段階に分け、各段階に異なる心理社会的危機（分岐点）を設定しています（表1-1）。それぞれの段階には固有の心理社会的危機があり、それを克服することによって、次の段階へと進む力が得られるということです。乳幼児期に大きな課題となるのは、以下の3つです。

　まず、乳児期（0〜1歳半ごろ）に訪れる危機は、「**基本的信頼　対　不信**」です。周囲に依存せざるをえず、言語も獲得されていない乳児期は、泣いたときに養育者にタイミングよく応答的に関わってもらうこと、世話により不快感を取り除いてもらうことなどが、基本的信頼の源となります。一方で、つねにタイミングよく応答してもらえるとは限りませんし、養育者の力ではどうにもならない不快な体験をすることもあります。こうした不信と信頼の双方を経験しながら、最終的に基本的信頼が不信を上回ること、すなわち危機を克服することによって、希望という力が獲得されるということです。困ったことに出合っても、身近な他者がきっと助けてくれるという希望をもつようになるのです。

　幼児前期（1歳半〜3歳ごろ）の危機は、「**自律性　対　恥・疑惑**」です。1歳半ごろから、排泄をはじめとする基本的生活習慣のしつけが始まります。子どもの自己意識も高まり、いろいろなことを自分でやってみようとする意欲が芽生えてきます。何かに挑戦し、「できる」という感覚を味わう一方で、思っ

ていたようにできなかったり、能力以上のことを期待されて失敗したりすると、
「恥ずかしい」とか、「自分にはできないのかもしれない」といった疑いの気持
ちを抱きます。このような感覚を揺れ動きながら、自分のことは自分でできる
という感覚、すなわち自律を獲得したときに、意志という力が得られるという
ことです。自分の働きかけによって周囲が変化するという手ごたえを、子ども
は感じ取っていくのです。

　幼児後期（3〜6歳ごろ）の危機は、「**自発性　対　罪悪感**」です。多くの子
どもが幼稚園や保育所に通い、仲間とともにあそびを中心とした生活を送りま
す。何をしてあそぶかを決める、あそびのアイデアを出す、一緒にあそんだり、
競い合ったりすることを楽しむ、といった仲間との相互作用を通して、自発性
を発揮し、興味を広げ、問題解決のスキルを身につけていきます。一方で、
ルールを逸脱したときは仲間から非難されたり、大人に叱責されたりするため、
罪悪感を抱くこともあります。そのような葛藤経験を乗り越えることによって、
幼児は目的意識をもつといわれます。目標を立て、それを追求することに価値
を置くようになっていくのです。

　このようにエリクソンの理論では、各発達段階において、危機を経験し、乗
り越えることが、その後の人生を前向きに生きていくために必要な力を得るこ
とにつながっていくと考えています。子どものつまずきや失敗は、次の段階に
進むための不可欠なステップとみなすことができるでしょう。

　さらに、子どもの発達を支える成人期は、まさにその活動を通して自らの心
理社会的危機（**世代性　対　停滞**）を克服していきます。世代性とは、自分の
子どもを育てるだけでなく、次世代のためになる活動に関与することすべてを
指しています。子どもや若者の発達を助けることによって、大人自身も発達す
るということは、世代間が相互扶助的な関係にあることを示しているといって
よいでしょう。

▶2　ブロンフェンブレンナーの生態学的システム理論

　本章1節で述べた発達的ニッチは、主に乳幼児が育つ環境を念頭に置いてい

ますが、大人の発達も含めた、より包括的な観点から発達環境の枠組みを提示したのがブロンフェンブレンナーです。個人を取り巻く環境は入れ子構造をなしており、それらが互いに影響を与え合っているという生態学的システム理論を提唱しました（図1-5）。

　まず、個人が日常生活において直接やりとりする環境はマイクロシステムとよばれています。子どもの場合、家庭や保育施設、あそび場、学校、友人が中心になります。さらに、個々の場には多様な人間関係が含まれています。たとえば、家庭には、親子関係だけでなく、きょうだい関係や夫婦関係も含まれますし、保育施設にも、仲間関係、先生と子どもの関係、先生同士の関係などが含まれます。

　マイクロシステムの外側に位置するメゾシステムは、マイクロシステムに属する環境同士の相互作用からなっています。たとえば、家庭と保育施設、友人と学校、職場と家庭などの関係です。保育現場において、保育者と保護者との連携が強調されるのも、メゾシステムを強化して子どもの発達をよい方向に導こうとすることの現れといえるでしょう。また、家庭での子どもとの関わりは、親の職場環境（仕事内容や仕事量、働く時間帯、子育てへの理解度など）によって

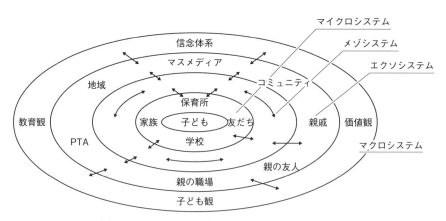

図1-5　ブロンフェンブレンナーの生態学的環境システム
（子安・二宮, 2004 をもとに作成）

左右されます。

　3つめのエクソシステムとは、個人の日常生活の外にあるものです。日常的あるいは直接的に接することはないものの、子どものマイクロシステムやメゾシステムのあり方に影響を与え、子どもの発達に間接的に影響を及ぼすものです。具体的には、地域の人々、きょうだいの学校、親の友人、行政サービス、産業などが含まれます。たとえば、公園や通学路など、子どもの暮らす地域が安全で清潔に保たれているとすれば、地域の人々の努力や行政サービスによるところが大きく、親や保育者は、安心して子どもを外に連れてあそびに行けることになります。

　4つめのマクロシステムとは、下位のマイクロ、メゾ、エクソシステムに一貫性を与える信念体系やイデオロギーを指しています。「人間とはこういうものだ」「子育てとはこのようにするものだ」など、日ごろあまり意識されることは少ないものの、所属する社会や文化において暗黙のうちに共有されている信念体系を指しています。マーカスと北山が提唱した文化的自己観によれば、日本を含む東アジア圏では、人間を他者や周囲と結びついた関係志向的存在としてみる傾向があるのに対し、北米圏では、周囲から切り離された独立した主体としてみる傾向があるということです。こうした人間観の違いは、日常の会話や人間関係、子育ての習慣や教育制度にも反映されており、その文化圏に特有の生態学的環境を提供しているといわれます。それぞれの文化圏で求められる考え方や知識、行動パターンは、暗黙のうちにマイクロ、メゾ、エクソシステムの文脈の中に埋め込まれており、それらが有機的なつながりをもって人々に働きかけているといえるでしょう。

発達研究の手法

　発達を研究する代表的な方法として、横断的手法と縦断的手法があります。横断的手法とは、ある一時点で異なる年齢の人々を対象に研究を行い、発達的変化を推測していく方法です。研究にかかる時間や労力、費用が少なくて済み、発達の平均的な傾向をとらえることができるため、発達心理学の多くがこの手法を用いています。しかし、異なる集団を比較しているため、年齢以外の要因（個人差など）の効果が混在しやすいという欠点があります。また、調べたい変数間（たとえば、メディアの利用頻度と学力など）の相関関係はわかりますが、因果関係を明らかにすることはできません。

　これに対し、縦断的手法は、同じ年齢集団を長期にわたって追跡することにより、発達的変化をとらえる手法です。時間的に先行している要因を特定することで、因果関係を推定できるほか、特定の個人や下位集団別にみた変化の道筋を追うこともできます。ただし、研究が長期にわたるため、協力者が脱落して結果が偏ったり、同じ課題（知能検査など）をくり返して行う場合は反復効果が出たり、コホート効果（世代効果）が混在する可能性などが指摘されています。

　赤ちゃんを対象とした研究方法もめざましく発展しています。ことばがまだ使えない赤ちゃんでも、興味のあるものを見る、おしゃぶりを吸う、手を伸ばす、といった行動をとることはできます。これらの指標を用いて、馴化 - 脱馴化法、選好注視法、期待背反法などの手法が編み出されています。馴化 - 脱馴化法では、まず、赤ちゃんにある刺激を提示することで馴れを生じさせます。飽きたころに別の刺激を提示し、再び注意が向けられれば、2つの刺激を区別できたと考えるのです。選好注視法は、2つの刺激を同時に提示し、どちらか一方をよく見るようであれば、2つの刺激が区別できているとみなします。期待背反法は、ある場面（たとえば、人形を2つスクリーンの背後に置く）を見せ、「こうなっているだろう」と期待させます。次の段階で、期待に沿う場面（人形が実際に2つある）と反する場面（人形が1つしかない）を提示して、どちらに注意を向けるかを調べます。より高次の認知能力を調べるのに向いています。

第 2 章 認知の発達

　心理学には「認知心理学」という領域があります。そこで扱うのは、知覚、思考、記憶、他者理解、学習など、広範囲の心的機能、すなわち認知機能に関する内容です。人は、誕生直後から大人と同様の認知機能を有しているわけではありません。とくに乳児期は、ことばによってではなく、身体や知覚、感覚を通して情報を得て、外界を把握しているため、認知機能のあり様は、大人とは大きく異なる部分があります。ことばが発達してくる幼児期でも、まだ大人とは同じではありません。乳幼児ならではの認知の特徴を知ることで、日常生活で目にする、乳幼児の不思議な行動を理解できるかもしれません。本章では、身体の動き、知覚、思考、記憶、心の理解といった側面に焦点を当てて発達をみていきます。

1節　身体の動きと知覚の発達

　知覚とは、感覚器官を通じて外界の情報を取り入れ、そのときに生じる、外界の状態に対する身体的反応を把握することといえます。乳児期は、見る、聞く、触れるなど、感覚を通して外界の情報を得ます。また、最初は泣くことでしか周囲の人にサインを送れませんが、しだいにアイコンタクトで知らせることが可能になります。乳幼児期は身体の成長が著しい時期ですが、身体の動かし方や視線の向け方にも大きな変化がみられます。

▶1　姿勢、身体の動き、視線の発達的変化

　新生児（生後1か月までの乳児）は、手足を動かしたり全身をひねったりできますが、まだ寝返りができず、首がすわっていません。徐々にうつぶせ時に頭をあげられるようになり、3か月ごろに首がすわり始めます。生後半年ごろまでは、不随意的な動きの占める割合が高く、3か月ごろまでは**ジェネラルムーブメント**（コラム2参照）、4、5か月ごろまでは**原始反射**（コラム2参照）がよくみられます。平均的には7か月ごろに1人でお座りが、9、10か月ごろに、つかまり立ちやはいはいができるようになり、1歳2、3か月ごろに立って歩けるようになります（図2-1）。手や指の動きも発達します。最初は視力が弱いこともあり、思い通りの場所に手をのばすこと（**リーチング**）が難しく、生後半年を過ぎると、自分が触りたいと思う物にリーチングして、その物を握れるようになります。ちょうどこの時期に、把握反射（原始反射の1つ。コラム2参照）が消え、随意的な把握が増え始めます。指でつまめるようになるのは1歳を過ぎてからで、初語（92頁参照）を話し始める時期にあたります。

　子どもは1歳過ぎまでは、身体の動きが限られ、ことばをほぼ使用しません。乳児期の認知能力を調べるのに、乳児がどれくらい対象物を見ているのか、その注視時間を測定するという方法を用います。乳児は単純な図形よりも複雑な図形を好んで見ること、記憶していれば過去に何度も見た図形よりも新奇な図

図 2-1　姿勢、身体の動きの発達
(Shirley, 1933；橘川, 2001 より転載)

形を好んで見ること、また、人の顔を他の図柄よりも好んで見ることが知られ
ています。具体的な調べ方は次の通りです。パソコンでモニタ上に図柄（心理
学では刺激という言い方をします）を提示し、乳児がどの刺激をどれくらいの長
さ見ているかを、ビデオカメラや視線測定装置により測定します。その測定の
仕方には、**馴化 - 脱馴化法**と**選好注視法**があります（コラム１も参照）。馴化 -
脱馴化法とは、乳児に刺激を１つ提示し続け、飽きて見なくなってきた（馴化
が生じた）後に、新たな刺激を提示し、その刺激への注視時間を測定する方法
です。新たな刺激を提示したときに、見る時間が大幅に増えれば、最初に提示
した刺激と新しい刺激を区別していることになります。選好注視法とは、複数
の刺激（多くの場合は２つの刺激）を同時に提示したときに、どの刺激をもっ
とも長く見るかを測定する方法です。

　生後半年ごろから、対面する相手のみならず、同時に相手が見ている物に注
意を向けることが可能になり（６章の三項関係、共同注意を参照）、９、10 か月
ごろから視線によるコミュニケーションを頻繁に行います。このころに、指さ
しも可能になっていきます。視線コミュニケーションや指さしが増えてくると、
物の名前を教えやすくなり、多くのことばの習得につながっていきます。

▶2 視覚の発達

　生後2、3か月ごろの乳児の視力は0.01〜0.02程度です。おおよその視力は、選好注視法により調べることができます。乳児に、灰色の円と縞模様の円をモニタ上に提示して見せると、乳児には単純な刺激よりも複雑な刺激を好んで見る性質があるため、縞模様が見えていれば、縞模様のほうを長く見ます。乳児が灰色の円と見分けられる最小幅の縞を見出すことで、おおよその視力がわかります。視力が1.0程度に達するのは、4、5歳ごろといわれています。

　外界の変化への目の反応として、目の動き（**眼球運動**）があります。主要な眼球運動には、視界に入った対象に注意を向けた際の瞬間的な目の動き（サッケード）と、運動する対象を追うときにみられる目の動き（追跡眼球運動）があります。乳児はすぐに成人と同じように眼球を動かせるようになるわけではありません。サッケードは生後間もなくからみられますが、サッケードが始まるまでの時間がかかります。追跡運動時に対象を追跡できる速度は、生後半年の間にあがっていくものの、追跡しきれないことも多く、サッケードでその動きを細切れに追います。

　では、乳児は、深さや段差を、知覚できているのでしょうか。深さや段差、立体物に対する知覚を**奥行き知覚**といいます。ホワイトは、上から刺激が落下する様子を見せる装置（強化ガラスにより実際には衝突せず風圧も伝わらない装置）を使って、仰向けに寝た姿勢の乳児の反応を調べ、落下直後に乳児が瞬目反応（まばたき）を一貫して示すようになったのは3か月ごろであったと報告しています。この装置とは別に、乳児の奥行き知覚を調べるのに、従来よく使われてきたのが、視覚的断崖装置です（図2-2）。この装置は、床一面にチェッカーボードが張り巡らされ、1mぐらいの段差が設けられている装置で、段差のある部分には強化ガラスが張られているため落ちる心配はありません。ギブソンとウォークは、6〜14か月の乳児をこの装置にのせて調べたところ、乳児はみな、断崖側へ渡ろうとはしなかったといいます。一方、キャンポスやシュヴァルツらは、この装置の断崖側に2か月の乳児を座らせると心拍数が減ったのに対して、9か月の乳児を座らせると心拍数が増えたと報告してい

す。2か月で断崖側とそうではないところを区別していたが、深さに対して怖いという感情が生じていないといえます。生後半年を過ぎ、段差でつまずく、転ぶという経験をすることで、深さに対して怖いという感情が芽生えてくると考えられます。生後2、3か月ごろには奥行きを知覚できているが成人ほどではなく、奥行きや深さに対する見え方や感情は、身体の動きや視力の発達に伴い変わっていくといえるでしょう。

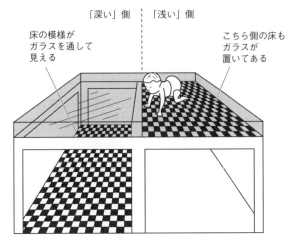

「深い」側　「浅い」側

床の模様が
ガラスを通して
見える

こちら側の床も
ガラスが
置いてある

図2-2　視覚的断崖
(山上 , 1996; White, 1971 より引用)

　色覚については、心理学では、主に馴化－脱馴化法により調べられてきましたが、生後2、3か月ごろには、成人に近い色の識別がなされているようです。ただし、色名を正確に言えるようになるのは幼児期後半です。

▶3　その他の知覚と感覚間協応

　子どもが物の名前を覚えるにあたっては、聴覚が深く関わっています。近年、難聴を早期に発見するため、生後間もない時期に、自動聴性脳幹反応や耳音響放射により聴覚検査を行うことが推奨されています。聴覚は出生時にはかなり完成しているといわれますが、発達過程の詳細はよくわかっていません。

　言語音声の知覚の発達においては、生後1年めの後半に、母語音声特有の音韻的特徴やリズムに敏感になり、母語音声を聞くのにより適した音声知覚ができるようになります。たとえば、英語が母語の乳児は、この時期にRとLの音の区別に対し敏感になっていきますが、日本語母語の乳児は、RとLの音

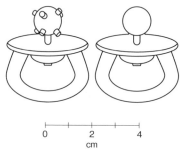

©おしゃぶり実験（Meltzoff & Borton, 1979）
乳児の口に入れた上部を、あとで拡大してみせる。

0 2 4
cm

図2-3 イボイボのついたおしゃぶりと、すべすべのおしゃぶり
（Meltzoff & Borton, 1979; 毛塚, 2001 より引用）

の区別には、鈍感になっていきます（6章参照）。

嗅覚や触覚、味覚も、出生時からよく発達しています。口元は敏感で、乳幼児がよく口に物を入れてしまうのは、食べ物と間違えるというだけではなく、物の様子を把握しやすいからだと考えられます。生後直後から、甘味、酸味、苦味、塩味を区別し、生得的に甘いものが好きなことが知られています。乳児期初期は塩味を嫌うものの、離乳食への移行に伴い、塩分を含む食べ物を徐々に好きになっていきます。

触れたものがどのように見えるのかといった、異なる感覚間の情報の対応づけについては、メルツォフらの研究がよく知られています。メルツォフらは、新生児に、イボイボのついたおしゃぶりと、すべすべのおしゃぶりのうちのいずれかを、暗闇の中でなめてもらった後、明るい部屋で、2つのおしゃぶりを並べて見せたところ、自分がなめていたおしゃぶりのほうを、長く注視したと報告しています（図2-3）。新生児でも、なめた感触と見た目の様子が対応づけられることを意味します。

2節　思考の発達

思考とは、知覚した情報に基づいて推理や判断を行う過程です。多くの場合、概念や言語を用いて行われます。概念や言語が未発達の乳児期には思考はどのように発達していくのでしょうか。4段階からなる思考の発達段階説を提唱したのが、ピアジェです。一方、他者とのことばを介した交流の中で思考が発達していく側面を重視したのが、ヴィゴツキーです。ピアジェの段階説と、ヴィゴツキーの説を順に紹介します。

▶1 発達段階説──ピアジェ

　ピアジェの理論では、子どもは認識の枠組みである**シェマ**にあわせて、外界の情報を取り入れて（**同化**させて）いきますが、シェマに外界の情報があわない場合は、シェマのほうを変えて（**調節**して）いき、それをくり返しながら徐々に安定した認識段階へ移行（**均衡化**）していくと考えられています。この考えに基づき、ピアジェは発達段階説を提唱しました。

a　感覚運動期（～2歳ごろ）

　この時期の乳幼児は、ことばや表象（眼前にないことを思い浮かべること）によってではなく、身体の動きと感覚（五感）を通して外界をとらえているとし、さらに6段階に分けています。出生直後は、主に反射的な行動により外界に反応していますが（第1段階）、生後1か月を過ぎると、頻繁に自分の指をなめ、自分の身体を触るようになります（第1次循環反応とよばれ、第2段階に相当します）。生後半年前後は、自分の周りのものを触るようになり、自分の行為が周囲に及ぼす変化を確かめるようになります（第2次循環反応とよばれ、第3段階に相当します）。8か月ごろから、目的をもって手段を講じるといった意図的な行動をするようになります（第4段階）。1歳を過ぎたころから、さまざまな方法を試してどうなるかをみるといった行動をし始めます（第3次循環反応とよばれ、第5段階に相当します）。1歳半ごろの第6段階になると、**表象**を行い始め、動作前に考えるなど、洞察的な行動を行うようになります。第6段階では、**対象の永続性**（触れられず、視界に入らなくなったものでも存在し続けているということ）を十分に理解し、それに応じた行動が可能になっているため、布に隠されたままで対象物が移動する様子を見せられたときにも、その対象物を探し出すことができます。

b　前操作期（2～7歳ごろ）

　ことば、表象や象徴機能（ある事物を別の事物や記号などに置き換えて表す機能）が発達し、イメージやことばで、物事を考えるようになります。前操作期は、**前概念的思考段階**と**直観的思考段階**に分けられます。

　前概念的思考段階は、4歳ごろまでとされます。見立て（たとえば、ブロッ

クを食べ物に見立てること）や、ふりあそび（たとえば、自分がヒーローやヒロインになったふり、空のお皿の上に食べ物があるかのように食べるふりをすること）、ごっこあそびがよく行われるようになります。ただし、個々のイメージはできるものの、概念はまだ形成されていないため、概念に基づく思考ができません。上位概念と下位概念の区別もされていません。客観的視点から事物を認識できない、いわゆる**自己中心性**が強くみられる時期でもあります。時間や順序への理解もまだ不十分です。

　4～7歳ごろまでの時期は、直観的思考段階と称され、概念に基づいて思考するようになります。**脱中心化**が進み、他者の立場や客観的視点にたって、事物をとらえられるようになります。ただし、まだ論理性に乏しいうえ、知覚的な特徴の影響を受けやすく、集合や量の保存の関係性をよく理解できていません。この理解不足は、**保存課題**への反応に顕著に現れます。定番の保存課題は、同じ大きさの入れ物2つに同じ量の水が入っているのを子どもに確認してもらったその目の前で、一方の入れ物の水を細く背の高い入れ物に入れ換えるところを見せたときに、入れ換えなかった入れ物の水と、入れ換えた水の量のどちらが多いかを問うというものです（図2-4）。前操作期の子どもは、細長い入れ物に入れ換えたときに水の高さが上昇するのに惑わされ、入れ換えた水のほうが多いと答えます。保存課題ができるようになるのは、次の発達段階である、具体的操作期です。

C　具体的操作期と形式的操作期

　具体的操作期は7、8～11歳ごろの時期とされます。量や数の保存について理解し、知覚的な特徴の影響を受けることなく、論理的に考えられるようになります。脱中心化が進み、より客観的に物事をみられるようになり、三つ山問題（3つの山が配置された模型における、各方向からの山の見え方を問う課題）への解答が可能になり始めます。ただし、論理的に考えられるのは、具体的な操作がイメージしやすい内容に限られます。11、12歳ごろ以降の形式的操作期になると、比例概念や仮説演繹的な考え方を習得し、抽象的かつ論理的な思考が可能になります。三つ山問題への正答率も高くなります。

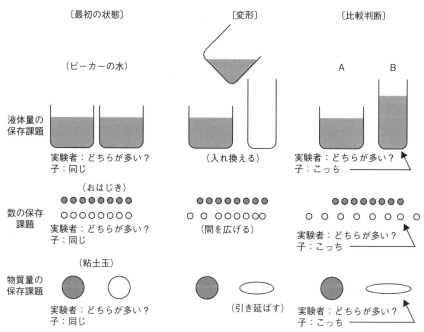

図 2-4　ピアジェの保存課題
（高橋, 1990 より引用）

▶2　他者との交流や教育との関係——ヴィゴツキーの理論

　ピアジェの発達段階説は、個人内の発達過程に焦点を置いていますが、人の心や思考は、他者からの影響下で発達していく側面もあります。その点を重視し理論を展開したのがヴィゴツキーです。他者とことばを介して交流することで思考が発達し、社会文化的な知識や常識が次世代に伝達されていくとの考えです。ことばの発達途上にある幼児期は、他者との情報のやりとりのために専らことばを使いますが（こうしたことばの使い方を、**外言**といいます）、しだいに、頭の中で思考するためにことばを使うようになり（こうしたことばの使い方を、**内言**といいます）、他者との交流が、ことばによる思考の発達を促すと考えました。また、ヴィゴツキーは、**発達の最近接領域**という概念を提唱しました。発

達の最近接領域とは、子どもが自力でできる水準（下限の水準）と子どもが他者からのサポートを得たり他者をまねることでできる水準（上限の水準）の間の範囲のことを指します。自力でできる水準が同じであっても、上限の水準には差がある場合もあり、上限の水準を考慮した、養育や教育の必要性を指摘したのです。この考え方は、近年の養育や教育に対する考え方にも影響を及ぼしています。

3節　記憶の発達

　記憶とは、情報を記録し覚える段階（記銘）、その情報を蓄えておく段階（保持）、必要なときに取り出し思い出す段階（想起）の3段階からなるとされています。これまで、何をどれくらい想起できるかを測ることで、記銘の仕方や保持状態が調べられてきました。

▶ 1　記憶の種類

　記憶の分類法には、大きく分けると、時間的視点からの区分、記憶内容による区分、想起時の意識の有無による区分があります。それぞれについて乳幼児期の発達との関係からみていきます。

a　短期記憶、ワーキングメモリ、長期記憶

　外界から入ってくる情報が一瞬だけ感覚的に保持されるような記憶のことを**感覚記憶**といいますが、多くが保持されることなく忘れ去られます。入ってきた情報を記銘し数十秒以内は保持されるような記憶のことを**短期記憶**といいます。短期記憶は、提示される数字を、提示直後に提示された通りの順番でどれくらい思い出せるか（数唱課題。たとえば、4、9、5と提示された直後に4、9、5と答えなければならない）などの方法で調べます。数唱課題は複数の発達検査や知能検査の項目に入っており、新版K式発達検査で75%が通過する年齢でみると、数唱課題で答えられる数（短期記憶容量）は、3歳ごろで3程度、5歳ごろで4程度、7歳半ごろで5程度となっています。成人では7程度であ

り、徐々に短期記憶容量は増えていきます。短期記憶の保持機能と同時に認知的な処理も行われるような記憶活動のことを**ワーキングメモリ**といいます。日常生活や学習の際には、単純な記憶保持というより、このワーキングメモリの活動が求められることのほうが多いです。近年、ワーキングメモリの訓練により、学習が促進される可能性が報告されており、子どもの学習支援法の1つとして期待されます。

　短期記憶の情報のうち記銘処理がなされ、長期にわたり保持されるようになる記憶のことを**長期記憶**といいます。私たちがふだん話題にしている記憶の大半は、長期記憶になります。長期記憶の容量に制限はないとされますが、すべてを意識的に思い出すことはできません（後述する顕在記憶を参照）。5、6歳であれば、1年以上前の出来事を思い出して話すことはありますが、2、3歳では半年以上前のことを思い出して話すことは僅少です。

b　手続き記憶、意味記憶、エピソード記憶

　長期記憶は、記憶内容により、**手続き記憶**、**意味記憶**、**エピソード記憶**に大別できます。手続き記憶とは、ピアノの弾き方や泳ぎ方を覚えるなど、身体的に覚える記憶のことをいいます。意味記憶とエピソード記憶はいずれも言語で報告できる記憶とされ、意味記憶は知識や事実に関する記憶のことを、エピソード記憶は、いつ、どこで、何をしたかという情報を含んだ、自分に関する出来事の記憶のことを指します。たとえば、「4年ごとにオリンピックが開催される」や「○○年に△条約が締結された」といった記憶は意味記憶で、「昨年の夏に、修学旅行で○○に行った」「今朝、駅で○○さんに会った」といった記憶はエピソード記憶です。手続き記憶は、乳児期から発達していますが、意味記憶はことばを前提とするため、ことばの発達に伴い発達していきます。エピソード記憶は、回顧的に振り返って意識的に想起し、それをことばで報告しなければならない記憶であり、それが可能になるのは、平均的には4歳ごろからです。今、今より前（過去）、今より後（未来）を区別できるぐらいの時間認識も必要です。2、3歳でも、複数の手がかりが与えられると、一緒にあそびに行ったときのことについて連想的に思い出し、関連することばを答えるこ

ともありますが、「どこで何をしたか」がわかるように自力で語ることはほぼありません。エピソード記憶の中でも思い出として後々まで残っていくような記憶、あるいは、「中学時代は、この道を友だちと話しながら一緒に帰っていた」など、後々まで思い出として残っていくような過去の自分の情報に関する記憶のことを、自伝的記憶といいます。**自伝的記憶**も、エピソード記憶の発達に伴い発達していきます。

c 潜在記憶と顕在記憶

　私たちがふだん、「覚えていない、忘れた」「よく覚えている」と言っているときに意味している記憶は、**顕在記憶**です。顕在記憶とは、意識的に想起し報告できる記憶のことを指します。意識的に想起できないものは完全に忘れ去られ記憶痕跡がまったくないのかというと、そうではありません。人には、意識的には想起できなくとも、覚えているとしかいいようのない、いわゆる無意識的な記憶もあるからです。これを**潜在記憶**といいます。たとえば、あるとき英単語100個を一晩で覚えたとします。次の日のテストで50個しか正答できず、50個は思い出せないということはよくあります。その後、別のときに、前のテストで思い出せなかった50個の英単語と、新たな英単語50個を一晩で覚えて、次の日テストを受けると、前のテストときには思い出せなかった50個の英単語のほうが思い出しやすいということがありえます。前の学習時に、実は潜在的には記憶しており、それが次の学習を促進し、より顕在記憶として思い出しやすくなったと解釈できます。

　顕在記憶の状態を調べるのに、「これは見覚えがありますか？　見覚えのあるものをこの中から選んでください」（再認質問）や「見覚えのあるものを答えてください」（再生質問）といった質問をしますが、このような質問を理解して答えられるようになるのは、エピソード記憶が発達する4歳ごろ以降です。潜在記憶は誕生時から発達していますが、顕在記憶は後から発達します。

　なお、手続き記憶はほぼ潜在的記憶ですが、エピソード記憶や自伝的記憶は顕在記憶とされます。意味記憶は、潜在的になされる場合と、顕在的になされる場合があるとされています。

▶2 記憶方略——メタ記憶の発達

学習した内容のうち、理科の内容はよく思い出せるが、地理の内容はよく覚えていない、また、歴史は、このように覚えると覚えやすいなど、自分の記憶状態や記憶に関わる行動に対する認知のことを**メタ記憶**といいます。自分の記憶状態を把握し、より効率的に記憶するためにはどうすればよいのかということに関係しており、学習に深く関わる能力として、近年、ワーキングメモリとともに注目されています。幼児期には、まだメタ記憶は十分に機能していないと考えられ、メタ記憶の発達は、さまざまな記憶方略をとれるようになる児童期以降が著しいとされています。とはいえ、日常生活における忘れないための行動は、早いと4、5歳ごろからみられますので、4、5歳ごろからメタ記憶は発達し始めるということもできます。ロックルとシュナイダーは、子どもに次のような課題を与えて、幼児期のメタ記憶を調べました。明日、昼食用のプレッツェルを忘れずに幼稚園に持っていくためには、前日の夜にどうしたらよいかについて、2人の人物が提案しているが、どちらの提案のほうがよいと思うかを問う課題です。その提案とは、一方は〈弟に、幼稚園へプレッツェルをもっていくことを思い出させてくれるように頼む〉で、もう一方は〈翌朝プレッツェルのことを思い出せるように、自分の寝室のドアノブにランチ用のバッグをさげておく〉というものです。後者が正しいのですが、3歳ではほぼ答えられず、5歳以降に正答率が高くなります。

4節　心の理解の発達

▶1　乳児期の心の読み取り

生後直後の乳児でも、見つめて話しかけると見つめ返す、口を大きく開けてみせると、つられて口を大きく開けるなど、人にあわせる、同調する、模倣するということがよくみられます。生後2か月ごろから、人の顔をほかの刺激よりも好んで見ることも知られています。人は生まれながらにして、人への関心が高く、社会的な志向性があるといえます。

生後半年を過ぎると、養育者や親しい人と、そうではない人を区別するようになります。また、9か月を過ぎたころには、相手の視線に注意を向け、相手の見ているものを読み取り、自分も一緒にそのものを見るという**共同注意**を行い始めます。視線によるコミュニケーションを頻繁に行い、相手に一緒に見てほしいものを示したり、取ってほしいと意思表示をするようになります。また、外界の知らないものがどのようなものかを把握するのに、**社会的参照**を行うようになります。社会的参照とは、自分が知らないものに対して、周囲の親しい大人がどのような表情で、どのように接しているのかを見て、近づいても大丈夫か否か等を判断することをいいます。

　乳児期は、他者の考えや心のあり様を、具体的かつ正確に読み取っているわけではありませんが、他者の様子や雰囲気を把握し、生後1年めの終わりごろには、他者が対象に対してもっているおおよその感情を読み取っているといえるでしょう。

▶2　幼児期の心の理解

　では、他者の考えや気持ちを正確に把握するようになるのはいつごろからなのでしょうか。考えや気持ちを説明するためのことば、すなわち、心的状況を表すことば（**心的用語**）の習得も関係します。心的用語には、「痛い」「熱い」といった感覚語、「楽しい」「怖い」といった感情語、「知る」「思う」「覚える」「考える」といった認知語があります。感覚語は2歳ごろから話し始めますが、感情語と認知語を使用し始めるのは大方3、4歳以降です。

　心的用語の習得が進むこの3、4歳以降の時期に、心の理解の仕方も大きく変わります。他者の立場にたって、他者の心の状況を読めることを、「**心の理論をもっている**」という言い方をします。心についての理論に基づき、その内容を推測できるという意味です。子どもが心の理論をもつようになっているか、すなわち、他者の心の状況を推測できるようになっているかを確かめる課題に、**誤信念課題**があります。著名な誤信念課題の1つが「サリーとアンの課題」です（図2-5）。バロン・コーエンらは、対象児に、サリーがビー玉を自分のバス

ケットに入れるが、その後サリーが部屋の外に出ている間に、アンがバスケットからビー玉を取り出し自分の箱に入れかえてしまったことを説明し、その後サリーが戻ってきてビー玉を取り出そうとしたときに、サリーがどこを探すと思うかを、対象児に質問し答えてもらいました。正しく答えられれば、「心の理論をもっている」となります。この課題への正答率は4歳以降に高くなることが知られており、心の理論の獲得は、おおよそ4歳以降とされています。

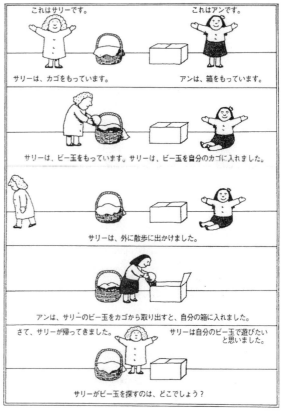

これはサリーです。 これはアンです。
サリーは、カゴをもっています。 アンは、箱をもっています。
サリーは、ビー玉をもっています。サリーは、ビー玉を自分のカゴに入れました。
サリーは、外に散歩に出かけました。
アンは、サリーのビー玉をカゴから取り出すと、自分の箱に入れました。
さて、サリーが帰ってきました。 サリーは自分のビー玉で遊びたいと思いました。
サリーがビー玉を探すのは、どこでしょう？

図2-5 サリーとアンの課題
（フリス，2009; 瀬野，2012 より転載）

原始反射とジェネラルムーブメント

生後数か月ごろまでの赤ちゃんは、思うように身体を動かすことができません。自らとれる動きや姿勢が限られていることも理由ですが、そもそも何か目的をもって随意的に身体を動かすことがほとんどありません。随意的な運動が増えてくるのは、大脳皮質が発達してくる生後半年ごろからで、それまでの身体の動きは主に反射的な運動、不随意的な運動からなっているといえます。古くから、この乳児期特有の身体の動きとして原始反射が注目されてきました。随意的な身体の動きが増えるにつれ、原始反射は消失していきますが、消失しない場合に中枢神経系の障害がみられる場合があります。主な原始反射として、足の裏をかかと側からつま先のほうへさすると指が扇状に広がるバビンスキー反射、抱きかかえた乳児を水平のまま突然下ろすと手足を大きく広げ抱きつくかのような姿勢をとるモロー反射、口にものが触れると吸い始める吸啜反射、両脇を支え足が床につくようにした状態で少し傾けると足を交互に動かす歩行反射（自動歩行）、目の前に指を出すと反射的に握りしめ離さない把握反射などがあります。バビンスキー反射は、1歳台でもみられることがありますが、大方、4、5か月ごろまでに消失します。

同様に中枢神経系の発達が関与し、乳児期初期にみられる不随意運動として、ジェネラルムーブメントがあります。ジェネラルムーブメントとは、生後3か月間だけ仰向け時にみられる、数秒から数分にわたるカオス的で特定のカテゴリーに分類できない全身運動のことを指し、新生児期は全身の粗大運動（ライジング）が、生後2か月ごろは全身の各部分の屈伸をくり返すような動き（フィジェティー）が目立ち、3か月ごろになるとジェネラルムーブメントらしい動きが徐々にみられなくなります。中枢神経系に何らかの障害があると、ジェネラルムーブメント特有の動きのパターンが異なる場合があるといわれます。ジェネラルムーブメントは原始反射より早い時期にみられるため、一部の障害に対し早くから対応できる可能性が期待されていますが、分析に時間を要し判断が難しい部分もあり、測定法などの進展が望まれます。

第 **3** 章 対人関係の発達

　母親や父親、祖父母などの養育者、きょうだい、家族との関係から始まり、保育士や幼稚園の先生、友だちとの関係など、さまざまな関係の中で子どもは成長していきます。とくに、幼少期の対人関係の豊かさや質は、その子どもの発達に大きな影響を与える大切なものとなります。

　本章では、対人関係の発達を考えるうえで基礎となる考え方を紹介します。その中でも、ボウルビィが提唱し、エインズワースらが実証した愛着理論は、さまざまな分野で応用されている重要な理論です。現在では多様な背景の家庭があり、支援が必要な子どもたちも存在するでしょう。これらの知識を、日常で関わっている子どもとの関係に生かしてください。

1節　親子相互作用

▶1　対人相互作用の基礎的能力

　生まれたばかりの人間の赤ちゃんは、さまざまな能力をもっているものの、自力で移動したり食べ物を獲得したりすることができない未熟な状態です。そして、ほかの離巣性の哺乳類が生まれたときに備えている生理的・身体的機能を獲得するまでに約1年間を必要とします。ポルトマンは人間がこのように未熟な状態の赤ちゃんを出産することを生理的早産とよんでいます。そのため、赤ちゃんは、周囲の大人たちの手厚い世話を必要とし、とくに自分の世話をしてくれる人との関係を育むことが生きていくうえで重要になってくるのです。

　しかし、人間は未熟な状態で生まれてくるといっても、何もできないわけではありません。人間の赤ちゃんは、生後早い時期から環境に順応する能力や働きかける能力を発揮します。有名なファンツの選好注視法の実験で、生後数日から、単純なパターンよりも複雑なパターン、これらよりも人の顔のパターンを長く見る傾向があることがわかっています（2章参照）。このことは、パターンを見分ける能力があるのはもちろん、人に注意を向ける傾向が備わっていることを示しています。また、多くの人は赤ちゃんに出会ったときに、かわいい、抱っこしたいとか、護ってあげたいというような感情を抱きます。ローレンツは、その赤ちゃんらしい丸みを帯びた容姿が、親としての感情を誘発し、保護して養育したいと感じる養護性を引き出すとしています。

　生後まもない赤ちゃんは、睡眠時などに自然と笑みを浮かべることがあります。これは**生理的微笑**や**自発的微笑**とよばれます。養育者は、微笑んだ赤ちゃんを見ると、思わず微笑んだり語りかけたり、幸せな気持ちになったりします。さらに、生後2〜3か月ごろになると、人の顔や声に対して頻繁に微笑むようになります。この微笑みは、他者からの働きかけに応じて生じることから、**社会的微笑**とよばれています。その後、赤ちゃんが微笑む対象は、不特定の他者から徐々に特定の養育者へと限定されていきます。

　また、赤ちゃんの泣き声は、周囲の大人の対応を緊急に引き出すことに役立ちます。養育者は、声をかけたり、抱っこしたり、なだめたり、ミルクを与えたり、おむつを変えたりして、赤ちゃんの不快な状態を解消しようとします。赤ちゃんが泣き止み、機嫌がなおると、養育者は安堵し、自分の対応に自信をもつことができます。泣く以外にも、笑う、じっと顔を見る、発声する、手足をバタバタ動かすといったような赤ちゃんの行動は、養育行動を引き出すのに役立っています。赤ちゃんの快、不快の表出に養育者がすみやかに応答することによって、両者の間に信頼関係や絆が形成されていきます。

　メルツォフとムーアは、目の前の大人が笑ったり、口をとがらせたり、口を大きく開けたり、舌を出したりすると、赤ちゃん自ら表情をまねる模倣がみられることを報告しました。こうした原初的な同調行動は**共鳴動作**とよばれ、赤ちゃんが他者とのやりとりを好んで行っていることが指摘されています。

　他者との相互作用が成立するには、人に注意を向けることや、五感を通して相手の発信を受け取り、泣きや微笑、身振り手振りによって自ら発信することが必要です。生まれた直後から、赤ちゃんはこれらの能力を発揮して、周囲の世界や養育者に働きかけています。そして、周囲の大人たちが、すみやかに状況に応じた応答をすることで、相互作用が活性化され、対人関係が発達していきます。

▶2　親子相互作用

　生まれた直後の赤ちゃんと、養育者との相互作用を詳しくみてみましょう。クラウスとケネルは、出産直後の母子を密接に結びつける相互作用について、行動的、免疫学的、内分泌学的、生理学的システムの視点から分析しています（図3-1）。相互作用は、母親から子どもへ、子どもから母親へと影響を及ぼす双方向的なものとなっています。多くの母親は赤ちゃんに触れたがり、そっとなでたり、赤ちゃんが好む調子の高い声で話しかけたりしていました。また、母親と赤ちゃんとは互いに目を合わせ、母親は赤ちゃんが自分を見つめてくれると、その存在をとても身近に感じたと報告しています。一方、授乳によって、

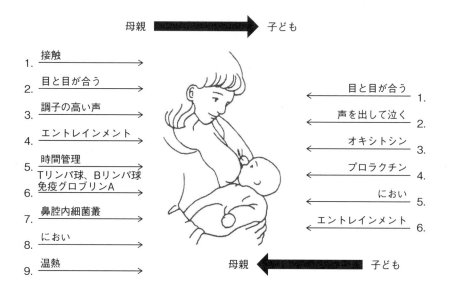

母親 ➡ 子ども

1. 接触 →
2. 目と目が合う →
3. 調子の高い声 →
4. エントレインメント →
5. 時間管理 →
6. Tリンパ球、Bリンパ球 免疫グロブリンA →
7. 鼻腔内細菌叢 →
8. におい →
9. 温熱 →

← 目と目が合う 1.
← 声を出して泣く 2.
← オキシトシン 3.
← プロラクチン 4.
← におい 5.
← エントレインメント 6.

母親 ⬅ 子ども

図3-1　生後数日間に同時的に起こる母子の相互作用
（Klaus & Kennell, 1976 をもとに作成）

母親のオキシトシンやプロラクチンのホルモン分泌が促されます。これらは子宮収縮や乳汁分泌に関連するホルモンです。

　フェルドマンらは、子どもとの接触頻度が高い親は、相互作用によって、唾液中のオキシトシンの分泌が促進されたことを報告しています。また、子どものオキシトシンの分泌が、親子の感情の同調性と子どもの他者との関わりの程度と関連することを見出しました。以上のように、最近では、オキシトシンには、社会的行動や親子の絆を形成するための生物学的な働きがあることが注目されており、生理化学的な視点から親子の関係を解き明かそうとする研究もみられます。

　養育者が話しかけたことばのリズムに同調して、赤ちゃんは手や足を微妙に動かして、ときには表情を伴い、リズムをもって応答することがわかっています。これは、**同期行動**や**エントレインメント**とよばれています。このような赤ちゃんの反応に誘発されて養育者はさらに働きかけようとします。このような

特定の親密な相手との相互作用の積み重ねが、その後のコミュニケーションの発達にも影響を与えていきます。

2節　愛着（アタッチメント）

▶1　愛着（アタッチメント）とは

　誰にでも大切な人、特別な人、重要な他者がいます。そのような特定の相手に対してもつ情緒的絆を**愛着（アタッチメント）**といいます。愛着理論は、イギリスの精神分析家で児童精神科医のボウルビィが提唱した理論であり、エインズワースをはじめとするさまざまな研究者によって実証的な検討が行われてきました。この理論では、特定の個人に対して親密な情緒的絆を結ぶ傾向は、生物学的基盤に基づいた、人の性質の基本的な要素であるとしています。精神分析の理論だけでなく、比較行動学など隣接諸科学の知見を取り入れ、多くの研究、臨床事例、行動観察から構築されているため、精神医学や心理学だけではなく、さまざまな分野で応用されている理論です。

　愛着とは、特定の他者との関係を求める欲求や行動傾向のことを指していますが、とりわけ不安や恐れを経験したときに活性化されることがわかっています。乳幼児の場合は、不安を感じたときに、身近な養育者にくっつくことで、安心感を取り戻そうとする行動として現れます。疲れているときは慰めてもらえ、恐いときには安心感を与えてくれるなど、援助が必要なときにはいつでも利用できる場所のことを、**安全基地（secure base）**といいます。養育者による安全基地の提供は、子どもの愛着の発達において重要な役割を果たします。

　赤ちゃんが母親を求める理由について、愛着理論以前に主流であった二次的動因説では、母親が赤ちゃんの空腹やのどの渇き、睡眠などの生理的欲求を満たしてくれる存在であるからと考えられていました。この考え方が疑問視されるきっかけとなったのが、動物行動学者のローレンツが発見した**刻印づけ（インプリンティング）**という現象です。生まれてすぐに移動でき、食物獲得が可能な離巣性のカモやガンなどの鳥類は、孵化直後に出合う動く対象を後追いす

る性質があります。この動く対象は親鳥以外でも、鳥類以外でも、動く玩具であっても成立します。実際、ローレンツの後を刻印づけされたガンの雛が後追いする場面が観察されました。この現象から、生まれたばかりの雛には、食べ物を与えてくれるか否かにかかわらず、動くもの、多くの場合は親鳥に強い結びつきを示す生得的反応があることがわかりました。

　また、ハーロウは、生後すぐ母親から分離したアカゲザルを用いて、針金製と布でくるんだ布製の代理母親模型に対して、愛情反応がどのように発達するかについての実験研究を行いました。この2つの代理母親模型の違いは、触れたときに心地よいかどうかのみであり、両型からミルクが出るようになっています（図3-2）。布製母親からのみ授乳される赤ちゃんザルの群と、針金製母親からのみ授乳される赤ちゃんザルの群に分けて育てました。そして、どちらの代理母親とも自由に接触できる条件下で、布製母親と針金製母親と過ごした1日の平均時間を調べました。その結果、布製母親の授乳群の赤ちゃんザルは布製母親と多くの時間を過ごし、針金製母親の授乳群の赤ちゃんザルも徐々に布製母親と多くの時間を過ごすようになっていきました（図3-3）。このことから、ハーロウは愛情の発達にとっては、生理的欲求を満たしてもらうよりも、身体的接触による快の経験が重要であることを示し、二次的動因説に異を唱えました。

図3-2　針金製母親と布製母親
(Harlow, 1958)

さらに、動く熊の玩具のような恐怖刺激を見せたとき、子ザルがどちらの代理母親を選ぶかを調べた結果、授乳されたかどうかにかかわらず、針金製母親よりも布製母親のほうに多くしがみつくことがわかりました。また、好奇心をそそる対象物が置いてある未知の場所に子ザルを放す実験では、布製母親と過ごす経験をした後、布製母親がいるときは周囲を

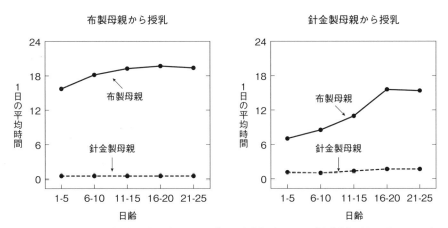

図 3-3　2つの違う授乳条件で育った子ザルの布製母親および針金製母親と過ごした時間
(Harlow, 1958 をもとに作成)

探索しましたが、布製母親がいないときは床にうずくまり動けなくなりました。
このことから、布製母親は子ザルにとって、安全のよりどころになっていると
考えられました。

　これらのエソロジー（動物行動学）も比較行動学の視点から、親子の愛着を
とらえることに役立ったのでしょう。

▶2　愛着の発達

　乳幼児期の愛着はどのように発達していくかをみてみましょう。ボウルビィ
は、愛着行動を定位行動、発信行動と接近行動の3つに分けています。定位行
動は、養育者を目で追ったり、耳で確かめたりするなど、相手がどこにいるか
を確認する行動です。発信行動は、泣く、微笑む、声を発する、呼ぶなど、養
育者を引き寄せる効果のある行動です。接近行動は、子どもが養育者に接近す
る行動で、後を追う、しがみつくなどの行動です。これらの行動は発達ととも
に変化し、その変化に応じて愛着の発達は次の4つの段階に分けられています。
第1段階：人物弁別を伴わない定位と発信（誕生〜少なくとも約8週、多くは12
週ごろまで）。この段階の乳児は、人を特定せずに誰に対しても愛着行動を示

します。養育者と他者の声を聞き分けられたとしても、人物としての違いを弁別しているわけではありません。周囲の人に関心を向け、人を目で追ったり、人に手を伸ばしたり、微笑んだり、声を発したりします。

第2段階：1人（または数人）の弁別された人物に対する定位と発信（約12週〜6か月ごろ）。この段階では、乳児は積極的に周囲の人に働きかけますが、その行動は、主な養育者に対して頻繁に行われるようになります。聞き覚えのある声に対して区別して反応するだけではなく、見覚えのある人に対しても区別して反応するようになります。

第3段階：発信ならびに移動による弁別された人物への近接の維持（約6、7か月〜2、3歳ごろまで）。この段階は、乳児の弁別能力が増すほか、身体的機能も発達しハイハイや歩行による移動も可能となります。そのため、親密な反応の種類も増え、ますます養育者とほかの人を区別した反応を示します。たとえば、外出する養育者の後を泣いて追いかけたり、帰宅した養育者を喜んで迎えたり、養育者を安全基地として探索活動を行うなどです。一方で、誰にでも示された親密な反応は減少し、いわゆる**人見知り**がみられる時期です。日ごろよく接する家族や特定の人々を二次的な愛着対象として選び、愛着対象を広げていく一方で、それ以外の人との関わりを避けようとする姿もみられます。以上のように、乳児期から幼児期にかけて、特定の養育者を愛着対象として、それ以外の人と明確に区別するようになっていきます。

第4段階：目標修正的協調性の形成（約3歳以降〜）。養育者が目の前からいなくなっても消えてしまったわけではなく存在しているということが理解できるようになり、愛着対象のイメージを心の中に保持できるようになります。養育者の行動を多少予測できるものの、その行動の原因や目的についての理解にはいたりません。しかし、養育者の行動を観察することによって、その感情や動機について洞察できるようになり柔軟な行動ができるようになっていきます。そうなれば、必ずしも養育者に近接していなくても耐えられるようになります。このような様態になると、相手の目標を考え、自分の目標と調整していくことができ、協調性の基礎が形成されていきます。

　ボウルビィは、子どもの養育にとって重要なことは、養育者からの心理的な安全基地の提供であるとしています。子どもは、それを安心源として未知の世界を探索でき、喜んで迎えてくれる場所があると確信して戻ることができます。疲れているときは慰めてもらえ、恐いときには安心感を与えてくれるなど、援助が必要なときにはいつでも利用できる場所です。その機能は、子どもと養育者の信頼関係やこれまでの相互作用の経験のうえに成り立っています。

　以上、愛着の発達段階をみてきましたが、愛着の発達は乳幼児期にとどまるものではありません。養育者との関係だけではなく、家族との関係、親友との関係、夫婦関係など、とくに親密な人との間に結ばれる愛着は生涯にわたり存在し、形成されていきます。

▶3　内的ワーキングモデル

　幼児期になると、表象能力が発達し（2章参照）、愛着関係についても内在化が進みます。ボウルビィによれば、子どもは養育者との直接的なやりとりを通して、養育者の行動に関する期待や予測、ならびに自分の行動に関する期待や予測を立てるようになります。また、養育者や自己に関する心的表象をもつようになります。具体的に言うと、養育者は何かあったときに助けてくれる信頼できる存在なのかという、愛着対象についての主観的な考えと、自分が愛着対象から受け入れられ、サポートを受けるに値する存在なのか、という自己についての主観的な考えをもつようになります。

　このような自己と愛着対象の行動に対する期待や予測、両者に対するイメージの総体を、**内的ワーキングモデル**とよんでいます。早期の養育者との愛着経験がこのモデルの基礎となっていて、周りの世界や他者と関わるときに、このモデルが働くようになっていきます。たとえば、愛着に関連する情報を処理するときや、状況を解釈・評価し、対応する行動を起こすときに作用します。この働きは多くの場合自動的になされるため、その後の対人関係やパーソナリティの形成など、人生全般に大きく影響すると考えられています。また、自己の感情の調整や精神的健康への影響も指摘されています。

3節　愛着の個人差

▶1　愛着のタイプ

　エインズワースらは、養育者に対する子どもの愛着行動を査定する実験観察法の**ストレンジ・シチュエーション法**を開発しました。この実験法は、1歳児とその養育者（多くは母親）の分離と再会の実験場面を通して、愛着行動の有無や質をとらえる方法です。実験法は、実験場面や使用する材料、手順が厳密に決まっています。方法が決まっていることで、その後に同じ実験を実施でき、同様の評価も行うことができるのです。

　前述したように、愛着は不安な状態のときに活性化されやすいことがわかっています。そこで、ストレンジ・シチュエーション法では、乳児にとってストレスとなる8つの場面を用意し、それらの状況下でどの程度乳児が養育者を安心のよりどころや安全基地として用いるのか、また養育者が乳児にとって安心のよりどころや安全基地としてどの程度機能しているのかを検討します。具体的な手順は、図3-4に示す通りです。見知らぬ新奇な場所、見知らぬ人の存在、二度の母子分離、母親との再会といった一連の場面を通して、子どもの反応、具体的にはあそびや探索活動、泣きや後追い、しがみつき、歓迎行動などがみられるかどうかが評定されます。

　評定の結果、愛着のパターンは以下の3つのタイプに分類されます。安定愛着群の**安定型**（Bタイプ）、不安定愛着群の**回避型**（Aタイプ）と**アンビバレント型**（Cタイプ）です。さらにその後、メインとソロモンによって、上記の3タイプのいずれにも分類できない**無秩序・無方向型**（Dタイプ）が同定されました。現在は、このタイプを加えて、4分類を用いて愛着の質を測定しています。

　安定型（Bタイプ）は、母親に対して安定した愛着をもつタイプです。母親がいるときは母親を安全基地として活用しあそびや探索を行います。母親と別れるときには泣きや混乱を示し、母親と再会すると抱きつくなどの接近・接触

❶ 実験者が母子を室内に案内、母親は子どもを抱いて入室。実験者は母親に子どもを降ろす位置を指示して退室。（30秒）

❺ 1回目の母子再会。母親が入室。ストレンジャーは退室。（3分）

❷ 母親はいすに座り、子どもはオモチャであそんでいる。（2分）

❻ 2回目の母子分離。母親も退室。子どもはひとり残される。（3分）

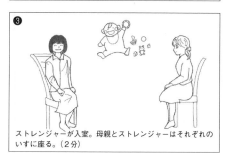

❸ ストレンジャーが入室。母親とストレンジャーはそれぞれのいすに座る。（2分）

❼ ストレンジャーが入室。子どもを慰める。（3分）

❹ 1回目の母子分離。母親は退室。ストレンジャーはあそんでいる子どもにやや近づき、働きかける。（3分）

❽ 2回目の母子再会。母親が入室しストレンジャーは退室。（3分）

図3-4　ストレンジ・シチュエーション法
（繁多, 1987 をもとに作成）

行動を示します。それによって、自身の感情を回復させて、母親を安全基地として活用し再びあそびや探索を行えるようになります。回避型（Aタイプ）は、母親に対して不安定な愛着をもち、回避的なタイプです。母親と別れても後を追って泣いたり、混乱を示したりすることがほとんどなく、再会したときに母親が注意を向けてもほとんど無反応で、歓迎行動をわずかに示す程度で、母親を避ける行動を示します。アンビバレント型（Cタイプ）も、母親に対して不安定な愛着をもち、また反抗的なタイプです。母親との分離場面では接近・接触行動を示す一方で、再会場面では反抗や怒りを示すなど、相反する行動を示します。親と離れるときには泣いたり、後を追ったりするものの、再会したときには身体的接触を求めつつ、怒ったり叩いたりするなどの反抗的な行動を示します。不安も強く、再会して抱き上げられても自身の感情を回復することが難しいタイプです。無秩序・無方向型（Dタイプ）は、行動に一貫性がなく、母親への接近と回避（顔をそむけながら、抱きつく）など、通常は同時には起こらないような行動が同時に起き、何をしたいのかがわかりにくいなど、行動が組織化されておらず方向性が定まっていないタイプです。

▶2 愛着に影響を与える要因

　子どもの愛着パターンは、養育者の敏感性と子どもの要因の相互作用によって形成されると考えられています。ボウルビィとエインズワースによれば、養育者が日常的に、子どもの欲求や状態の変化を敏感に察知し、適切に応答できるかどうかが愛着の質を分けるとしています。

　エインズワースは、愛着のタイプ別に養育者の日常の関わり方について述べています。安定型（Bタイプ）の養育者は、相対的に、子どもの欲求や変化に敏感で応答的であり、全般的に行動が一貫しています。したがって、子どもは養育者の行動を予測しやすく、信頼することができます。自分が困っていたら養育者は助けてくれるという確信があり、どのようにすれば養育者は応答してくれるかを理解しているので、安定した愛着パターンになるのです。一時的な分離があっても再会することで、安心感を得て、再度探索活動を行うことがで

きます。

　一方、回避型（Ａタイプ）の養育者は、子どもの働きかけに全般的に拒否的にふるまうことが多いとされます。子どもの愛着のシグナルに応答せず、子どもが近づいていっても遠ざかっていく場合もあります。子どもからすれば、愛着のシグナルを出しても適切に受けてもらえる経験が少ないので、これ以上養育者が離れていかないように、愛着行動を最小限にして回避することで、養育者との距離を一定範囲内にとどめしようとします。アンビバレント型（Ｃタイプ）の養育者は、時々子どもの愛着の欲求に適切に応じてくれますが、それが一貫しなかったり、わずかにずれたりします。子どもからすれば、どうすれば受け入れてもらえるかの予測がつきにくいため、養育者の行動に過敏になり、できる限り愛着シグナルを送り続け、養育者の関心を得ようとします。無秩序・無方向型（Ｄタイプ）の養育者の特徴は、十分に明らかにされてはいませんが、重要な他者を喪失するなどの心的外傷を抱えていたり、抑うつ傾向が高かったり、虐待や不適切な養育をしていたりすることが指摘されています。

　以上、養育者の応答の仕方を中心に述べてきましたが、ビリンゲンらは、愛着形成には子どもが養育者を情緒的に利用できるかという**情緒的利用可能性**（emotional availability）も関与しているとし、相互作用の視点を組み入れました。養育者側は敏感性に加えて、適切な環境を構造化する、侵襲的でないことや敵意がないこと、子どもの側は応答性、養育者を相互作用に巻き込むことが挙げられています。かれらは、養育者がたんに子どものシグナルに敏感であるばかりでなく、子どもの自律性を尊重し、過干渉や過保護にならず、子どもが必要としているときに適切に応対することの重要性を示しています。

　また、子ども側の要因として、子どもの生得的な気質（怖がりやすさ、むずかりやすさ、機嫌のよさ、社交性など）、シグナルの出し方やその強弱についても検討されています。その結果、気質が直接愛着の質に影響を与えるわけではないものの、扱いにくい気質の場合、養育者の敏感性を低下させる可能性があることがわかりました。また、養育者の関わりには、身近な人が子育てを支えてくれるかどうかというソーシャルサポートの有無も影響するといわれていま

す。

　上述したように、愛着は、養育者と子どものどちらか一方のみの要因ではなく、相互作用的に発達していきます。さらに、親子を取り巻く人々の影響や社会的な環境、養育者自身の生活史なども関連してきます。後者に関しては、養育者自身の愛着のタイプが、子どもの愛着タイプに影響する世代間伝達の問題が指摘されています。実際、養育者が虐待された経験があると、自分の子どもを虐待してしまう確率が高くなるといわれています。とはいえ、虐待された養育者が必ずしも子どもを虐待するわけではありません。家族を取り巻く社会的環境も関与してくるでしょう。このようなリスクをもった家庭には早期に支援を行う必要があるでしょう。

▶3　愛着対象の広がり

　子どもにとって、初めての愛着対象は、多くの場合は母親や父親ですが、事情により親のどちらかが不在の家庭であっても、子どもの欲求に敏感に反応し愛情をもって育てている祖父母やその他の家族がいれば、かれらも主な愛着対象となりえます。また、きょうだいとの関係はナナメの関係といわれ、親子のようなタテの関係と同年代の子どもとのヨコの関係をあわせもつ特徴があります。年長の頼れるきょうだいがいる場合、かれらを愛着対象とすることもあるでしょう。子どもは家庭内でさまざまな愛着対象とやりとりしながら育っていきます。

　ハウズは、愛着対象になる基準として、①身体的・情緒的ケアをしている、②子どもの生活の中で持続性・一貫性がある存在、③子どもへの情緒的投資（注力）を挙げています。そのような観点からいえば、保育者をはじめとして、子どもと信頼関係を結んでいるさまざまな大人が愛着対象となる可能性があります。

　早期の愛着の質は、内的ワーキングモデルを通して、その後の人生、とりわけ対人関係やパーソナリティの形成に大きく関わり、加齢とともに変えることが難しいといわれています。しかし、主な養育者との愛着が不安定である場合

でも、その後に出会った人との一貫した信頼関係を形成・維持することによっ
て、安定した愛着に変化する場合もあります。しかし、より高い愛着の可塑性
は、人生早期の乳幼児期にあるようです。したがって、子どもを取り巻く愛着
対象になる可能性のある大人たちは、環境や子どもの状況に目を配り、子ども
の発するシグナルを敏感に察知し、子どもの自律性を尊重しつつ、適切に応答
することが必要になるでしょう。過保護や過干渉に陥らず、頼れる安全基地と
して、また情緒的利用可能性の高い大人として、子どもの発達を見守っていき
たいものです。

コンパニオンアニマル

　ペット（愛玩動物）はコンパニオンアニマル（伴侶動物）とよばれるようになり、人生をともに生きる仲間として一緒に暮らしています。ペットを家族のような存在、とりわけ子どものような存在ととらえる飼い主が多く、親子関係に似ていることから、ボゥルビィの愛着理論を援用して説明されます。著者も人とコンパニオンアニマルの愛着尺度を作成し、「快適な交流」「情緒的サポート」「社会相互作用促進」「受容」「家族ボンド」「養護性促進」の６つの愛着の側面を見出しました。最近では、飼い主と犬が交流すると双方にオキシトシンの濃度が上昇したという、人と犬のふれあいによるオキシトシンの変化をとらえた研究が散見されるようになりました。親子と同様に人と犬の関係でも愛着行動とオキシトシンの関連が明らかにされました。

　動物が人の心身に良い影響を与えるという知見は数多くあり、3つの効果が指摘されています。心理的効果（肯定的な感情をもたらす、孤独感やストレスを軽減するなど）、社会的効果（人と人との間をつなぐ）、身体的および生理的効果（健康への効果）です。また、児童心理学者のレビンソンは、自身の心理臨床に偶然に居合わせたペット（犬）のジングルスが、子どもとの信頼関係を結び治療を進めることに役立った事例から、「犬は共同セラピスト」として機能することを報告しました。

　では、動物が子どもの発達に与える影響はどうでしょうか。子どもにとって身近な動物はペットや学校飼育動物です。たんに動物を飼うだけでは効果はなく、子どもと動物の良好な関係が重要なのです。大切にしている動物だから、子どもはその動物の立場になって気持ちと欲求を推測し、世話をやりとげるのです。その過程からは達成感を得ることができ、さらに、思いやりや寛容な心を育むことに役立つのです。また、動物は秘密や悩みを打ち明ける相手となり、抱っこしたり撫でたりするスキンシップの心地よさや安心感も与えてくれます。動物との愛情とやさしさに満ちたやりとりの経験から、子どもは無条件に受け入れられていると感じることができるのです。これらのことが、自尊心、忍耐力、共感性、役割取得の能力、観察力、責任感、生命尊重の心を養うことにつながるのです。

第 4 章　自己の発達

　スーパーなどのお店で「これがほしい～！」といってひっくり返って泣き叫ぶ子どもを見たことはあるでしょうか。このような「～がほしい」「～がしたい」という子どもの真剣な自己主張は、忙しくて余裕がない養育者からすれば、大変にやっかいなものでしょう。しかし、少し視点を変えてみると、脇目も振らずにほしいものをほしい、したいことをしたいと主張するその力強さは、とても頼もしくも、羨ましくも思えてきませんか。

　私たちは「自己」ということばを日常的に使います。しかし、自己とは何かという問いは、実に哲学的な問いでもあります。子どもはいつから「自己」をもつのでしょうか。そして、それはどのように発達していくのでしょうか。本章では、子どもの自己の発達について、自己の意識、自己概念と自己評価、行動の調整者としての自己という観点から検討します。

1節　自己の意識

▶1　自己とは何か

　自己とは、自分についての気づきや意識、また、記憶や知識のまとまりであるということができます。社会の中で生きる人間にとって、自己は他者との関係の中で発達します。また状況を評価し、行動を動機づけ、方向づける調整者の役割を果たします。

　自己は、感じたり行動したりする主体としての I-self と、その主体としての自己によって客体としてとらえられる me-self という2つの側面に分けて考えることができます。I-self は、たとえば「痛い」「うれしい」「いいね」と感じたり、「〜がしたい」「〜がほしい」「〜しよう」などと人を動機づけ、行動を起こす主体です。一方、me-self は、自分についての情報や知識の内容で、たとえば、「○ちゃん（名前）」「〜ができる」「いい子」などがそれにあたります。さらに、me-self は、物質的自己（例：私は大きい）、社会的自己（例：私はお姉ちゃん）、精神的自己（例：私はやさしい）などに区別できます。また、自己についての評価的な側面（例：いい子、悪い子）も含まれます。

　認知能力の発達（2章参照）は「知る」側の I-self の変化をもたらすために、発達に伴って「知られる」側の me-self の内容も変化していきます。たとえば、子どもが自分と他者を比較したり、抽象的な思考ができるようになることによって、me-self はより複雑なものになります。また、人は me-self に基づいて自分の状況を評価したり（例：自分がこんな目に遭うはずがない）、行動を選択したりします（例：私はやさしいから友だちを助ける）。つまり、Iとmeの2つの自己の側面は相互に関わり合いながら発達していきます。

▶2　自己と他者の区別

　生まれる前まで母親のお腹の中にいた乳児は、かつては、自他の区別がなく、混沌とした世界の中で生きていると考えられていました。しかし、赤ちゃん研

58

究の発展により、生まれたばかりの新生児であってもさまざまな能力をもち、自分とそれ以外の周りの環境とを区別していることがわかってきました。たとえば、ロシャら（1997）は、新生児が自分で自分に触れたときと、自分以外のものが顔に触れたときとを区別できることを示しました。

　3〜4か月の赤ちゃんが、自分の手をまじまじと眺めていることがあります。これを「**ハンド・リガード**」といいます。また、手や足の指をくり返し口の中に入れて、しきりになめる行動が観察されます。これらの行動によって赤ちゃんは、自分の身体を発見し、その感覚をまさに味わっていると考えられます。自分で動かせば目の前にある手が動いて見える、指をしゃぶれば口の中にある指の感覚と同時になめられている指の感覚を感じるというように、運動と感覚を同時に体験し、自己の感覚を強めていくと考えられています。

　生後2か月を過ぎると、赤ちゃんは人に対して微笑みかける**社会的微笑**を見せ、しだいに周りの人の働きかけに対して積極的な反応を示します。たとえば、赤ちゃんが「あーあー」と声を上げ、養育者が「あーあーってなあに？」と応答したとします。すると赤ちゃんは「あーあーあー」とさらに発声し、それに対して養育者が「あーあーなのねー」と応答する……といった相互作用が起こり、2人はあたかも会話しているかのようにみえます。このような身近な他者とのやりとりによって、乳児は声を出す主体としての自己の感覚と同時に、他者によって応答される自己の感覚を発達させると考えられます。

　さらに、生後9か月を過ぎると、やりとりは自己と他者という二項関係にとどまらず、そこに「もの」などの第3の要素を含めた、いわゆる**三項関係**に発展します（6章参照）。たとえば、大人が見ているものを目で追ったり、ものを指さしたりすることで他者と同じ対象に注意を向ける**共同注意**や、状況を判断するために大人の表情を観察する**社会的参照**とよばれる行動がみられます。こうした三項関係の成立は、子どもが自己と他者が異なる注意や意図をもつ存在であることを認識し始めていることの表れであり、この能力はヒトに特有であるとされています。これらの能力は、社会の中で他者と協力して何かを成し遂げるための基礎となる重要な能力の1つであるといえます。

このように乳児は、ものや他者と関わりながら自己の感覚を強めていくものと考えられます。

▶3　鏡に映る自己の認知

　チンパンジーに鏡を見せた実験では、チンパンジーらは初めはほかの個体に対するような反応（例：威嚇など）を見せましたが、日を追うごとにそれらの反応は減り、逆に、顔についた食べ物のカスを取るなど自分の姿を見るために鏡を使うような行動が増えました。そこで、気づかれないように、そっと赤い無臭の染料を顔につけて鏡を見せたところ、チンパンジーはすぐに自分の顔についた赤い色を触りました。しかし、鏡に接したことのない別のチンパンジーには、そのような行動は見られませんでした。

　その後、同じ手続きを人間の子どもにも用いた実験が行われました。子どもの鼻などに気づかれないようにこっそり赤い口紅のようなものをつけるので、これらの実験は「マーク・テスト」や「ルージュ・テスト」などとよばれます。このとき、子どもが鏡を見て自分の鼻を触れば、鏡の中の自己を認識しているということになります。図4-1に示すように、この「自分の鼻に触れる」という行動は1歳よりも小さい子どもではほとんど見られませんが、1歳半ごろから増え始め、2歳ごろになると多くの子どもが自分の鼻を触ります。

　このマーク・テストをパスすることは、me-self を獲得したことを示すマーカーとして位置づけられています。ただし、その前にもいくつかの段階があるようです。たとえば、1～2か月の子どもは鏡にあまり関心を示さないものの、3か月を過ぎると鏡の中の自分をじっと見つめたり、声を上げたりするといわれています。また、ある実験では、3か月児の目の前に鏡を置く場合とほかの子どもを座らせた場合とを比較したところ、子どもは鏡のほうを長く見つめましたが、ほかの子どもに対してのほうが微笑んだり、声を上げたり、手をのばしたりするなどの行動が多く、また、心拍数も上昇しました。

　鏡の前では、自分が動くと当然ながら鏡の映像も動くわけですから、この随伴性が面白くて子どもが注目するのではないかとも考えられます。そこで、ビ

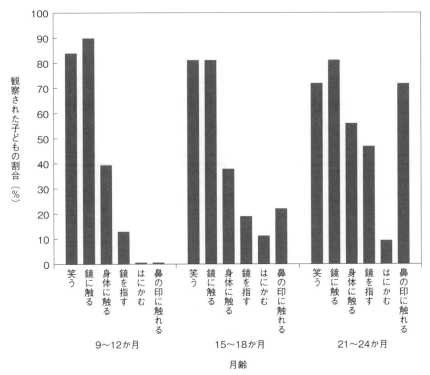

図 4-1　鼻についた赤い印を鏡で見たときの反応
(Leiws & Brooks-Gunn, 1979 をもとに作成)

デオ映像を使った実験で、頭にシールがついた少し前の自身の映像を子どもに
見せた場合について検討すると、およそ 4 歳以降にはほとんどの子どもが頭の
シールを取ろうとしました。日本の子どもにおける結果も同様で、この遅延提
示によるマーク・テストをパスするには、自分が、過去、現在、未来と時間的
に連続性をもつ存在であることを理解している必要があると考えられます。

　この me-self、すなわち、客体としての自己認知の獲得を基盤として、誇り、
恥、罪、妬みなどの**自己意識的感情**（5 章参照）とよばれる新しい種類の感情
が生起するとも考えられています。たとえば、「恥ずかしい」という感情は、
自分が他者に見られていることを認識していなければ生じません。ことばでは
表現ができなくても、2 歳ごろには自己意識的感情をもつことが観察されます。

基本感情では大脳辺縁系など脳のより原始的な領域が活性化するのに対し、自己意識的感情が生起する際には自己制御やより高次の処理に関わる前頭前野の活動が活発になることがわかっています。これらのことから、自己意識的感情は、進化の過程でヒトが後から獲得した感情であると考えられます。

多くの子どもがこのテストをパスする21か月ごろに、子どもたちは「これ私の！」と、特定のものを指して自分の所有物であることを主張するようになります。また、このころからイヤイヤ期、**第一次反抗期**、さらに、英語ではterrible twos（魔の2歳児）とよばれるように、子どもの自己主張が顕著になって親を困らせることが多くなることも興味深いことです。

▶4　5つの自己の知識

認知心理学者であるナイサーは、自己についての知識を、次の5種類に整理しました。まず、物理的環境との間で知覚される自己を「**生態学的自己**」、また、対人的な環境との間で知覚される自己を「**対人的自己**」とよびました。この2種類の自己は、上で述べたハンド・リガードや指しゃぶり、養育者とのやりとりの中で、発達のかなり早い時期から知覚される自己の側面です。その場における即時的なもので、I-self 的な側面ということができるでしょう。

3つめは、記憶に基づいて想起あるいは予期される、「**拡張的（想起的）自己**」です。上述の遅延提示によるマーク・テストではこの想起的自己が必要であると考えられます。さらに、記憶や言語の発達に伴って、子どもはしだいに過去、現在、未来と時間的に連続した自分について理解し、物語ることができるようになっていきます。4つめは、ほかの誰でもない自分だけの意識の経験に基づく、「**私的自己**」です。子どもが「どうしてママなのに私の気持ちがわかってくれないの？」と言うとき、この子どもは自己と他者の区別が十分についていないと理解することができます。いわゆる心の理論（2章参照）とよばれる他者の心についての理解や、乳児期に始まる自己と他者の区別は、段階を経て徐々に発達していくといえます。

そして、最後の5つめは、「自分とはこのような人である」という自分につ

いての理論ともよぶべき、「**概念的自己**」、いわゆる自己概念です。自己概念は、新しい情報を取り入れて変更したり、整理してまとめたりすることで、生涯にわたって発達していきます。また、人は自己概念に基づいて行動を選択します。たとえば、「子どもが好きな私」という自己概念が、保育士という子どもに関わる仕事をしようと決断させるかもしれません。拡張的（想起的）自己、私的自己、概念的自己の 3 つの自己知識は、いずれも me-self 的な側面と考えることができます。

2節　自己概念と自己評価

▶ 1　幼児期の自己概念

　子どもが言語をある程度使いこなせるようになってくると、語りの内容から**自己概念**の発達をうかがい知ることができます。自己概念（私はどのような人か）と**自己評価**（私はいい子／悪い子）は、互いに密接に関連しています。

　大人が「○○ちゃん／くんについて教えて」と子どもに聞いた場合に、子どもが答える内容についてイメージしてみてください。幼児期における自己概念の特徴として、持ち物や行動などの具体的な内容が多いこと（例：「ジャングルジムに登れる」「犬を飼っている」）、語られる内容や順序が互いに無関連で統合されていないこと（例：「髪の毛が長くて、幼稚園の先生が大好きで、弟がいる」）、また、非常にポジティブ（例：「私ってすごいんだよ！　こんなことも、あんなこともできるんだよ！」）で、ときにその内容は非現実的にポジティブ（例：（実際には数えられなくても）「100 まで数えられるんだよ！」）でさえあります。

　幼児期の自己についての語りが上記の特徴をもち似通っているのは、この年齢の子どもに共通の認知的要因、すなわち、I-self の認知能力に制約があるためです。年齢が上がると、内容がまとまりをもち、他者との比較が可能となり、良い面と悪い面の両方を理解できるようになります。ただし、近年では、幼児であっても自己の特性や能力を抽象的にも理解することが可能で、状況に応じた自己評価をもつとする議論もあります。また、佐久間路子は、幼児であって

も母親といるときは「いい子」、友だちといるときは「やさしい」、先生といるときは「おりこう」というように関係に応じて異なった自己の描写をすることを示しました。

さらに、青年期になると、抽象的な思考やより多様な視点をとることが可能になり、やがて「自分とは何か」という問い、すなわち、**アイデンティティ**について真剣に考えるようになります。とくに青年期の始めのうちは、この新しい認知能力の使い方に慣れないこともあり、標準的な発達においても自己に関する認知が揺れ動きやすく、混乱し、感情的に不安定になることもあります。

自己概念には、このように年齢に応じた共通性がみられる一方で、さまざまな個人差があり、個人差には他者との関わりや置かれた環境など社会的要因が影響します。たとえば、虐待などの不適切な養育環境にある子どもは、「自分が悪い」といったネガティブな自己評価をもち、自己についての語り自体が少ないといわれています。

▶2　自己をつくる言語や記憶

自己概念の発達は、言語の発達の影響を大きく受けます。言語が養育者との相互作用によりめざましく発達していくのに伴い、自己概念の内容も大人とのやりとりを通して洗練されていきます。そして、やがて出来事をある程度の順番を追って語れるようになります。養育者はたんに情報として自分がどのような人かを教えてくれるだけではなく、自分についてのエピソードの記憶である自伝的記憶を構成するのを助けます。

子どもとの会話において大人は、あたかもロッククライミングで次に足を置く場所を教えるように、「それでどうしたんだっけ？」「どんな感じだった？」と問います。**足場づくり**とよばれるこのような大人の関わりに応じていくことで、子どもはその日に自分が体験したことを思い出し、理解し、何をどのような順番で、どのように語るのかを学んでいきます。親と子が共有された経験について語り合うことで、自伝的記憶は共同的に構築されるというわけです。この足場づくりがなければ、自己の記憶や語りは貧弱なものになり、また、大人

の関わり方によっては自己が歪められてしまうこともあります。

　言語が発達していくと、初めは親に助けられて展開していた会話も、しだいに子ども自身がより主体的な役割を担っていくようになります。小松孝至は、4歳4か月から5歳8か月までの母子の会話を記録し、母親が子どもの表現を助ける役割から、話し相手としての役割へと変化していく様子を明らかにしました。このようにして、子どもは語ることや内省することが可能となり、さらに、この過程でやりとりの中に埋め込まれた社会・文化的な価値や期待をも取り入れていきます。

▶3　自己評価としての自尊感情

　自己意識的感情の1つである誇りの感情は、胸を張り、手を上げ、微笑むといった表出行動を伴います。「できた！　見て！」「すごいでしょ！」と言うときの子どもの姿がそれです。子どもに限らずとも、他者から与えられる基準だけでなく、自分自身の欲求や目標があるからこそ、自分のことを誇りに思うものです。上述のように、一般に子どもの自己評価はポジティブに保たれます。ある実験では、自分よりもそれが上手、または、上手ではないと説明された仲間に自分が抜かされしまう状況において、5〜6歳児はほかの子が上手にできるかできないかにかかわらず自己を高く評価し、8〜10歳児は上手ではないと説明された仲間に抜かされた場合を除いて、自己を高く評価しました。このように、年長の子どものほうがより現実的ではあるものの、いずれの年齢でも肯定的な自己評価をもつ傾向があることがわかります。

　1人の人としての自己についての包括的な価値についての評価を**自尊感情**または自尊心といいます。自尊感情が高いということは、「自分は価値のある人間である」ととらえていることを意味します。子どもも大人も、自分ならできると思えるから、新しいことや困難に向かってチャレンジしようと思う気持ちが湧いてくるものです。子どもにおけるポジティブな自己評価は、失敗しても落ち込まない、失敗にこだわらずにチャレンジするといったような保護的な働きがあるとも考えられます。大人でも、実際以上に自己を高く評価するバイア

スをもつ傾向があることがわかっています。

　自尊感情は、精神的な健康や適応の指標としてもみなされます。自尊感情が高い子どもは、将来的にも学校や職場などにおける人間関係も良好で、人生に対する満足度や幸せを感じる程度が高く、不安や抑うつなどのリスクが低くなることが多くの研究で示されています。自尊感情は、自分に満足しており、自分はほかの人と同じだけ価値のある人間だという感覚であり、自分だけが他者よりも秀でた人間であるというような自己愛傾向（ナルシシズム）とは異なります。自分に満足している子どもは、めったに他者を批判しません。

　ただし、自尊感情を重視しすぎることも問題かもしれません。近年では、多くの研究がなされてきた欧米の白人の中流階級以上の家庭において自尊感情に高い価値が置かれているために、その社会の規範に子どもが合わせてしまっている可能性も指摘されています。たとえば、子どもはほめられなければいけないと思っているかもしれません。また、人生には失敗はつきものなので、経験を積むにつれて自己評価が下がることになってしまいます。

▶4　自尊感情を育む養育環境

　それでは、どのような環境がほどよい自尊感情を育むのでしょうか。愛着理論（3章参照）では、養育者との間で安定した愛着が形成されている子どもが「自分は大事にされる価値のある人であり、もし危機に遭遇したら守られる存在である」という表象をもつとされます。愛着の質によって、幼児がもつ自己評価や自己理解の内容が異なるという報告もあります。2歳前の子どもであっても、大人のポジティブな反応を求め、ネガティブな反応を回避しようとします。また、高い自尊感情をもつ子どもの親は、子どもに対して温かく、受容的で、しつけにおいて明確に定められたわかりやすい限界やルールを設け、子どもの個を尊重するという特徴をあわせもつといわれています。親子の関係と子どもの自尊感情の発達については多くの研究が行われており、たとえば、16か国1万3000人以上のデータを分析した研究では、親を敵対的で攻撃的と認知している子どもは、より自尊感情が低いという結果が得られました。

　これらのことから、自尊感情は養育者と子どもの関係の質や、親の養育スタイルと関連する可能性があります。すなわち、大切な人と喜びを分かち合う、自分に興味をもってくれる人がいる、愛されていると感じられる、といった他者との温かな結びつきが自尊感情を高めると考えられます。ただし、親だけが重要な役割を果たす、親だけに責任があると考えるべきではないでしょう。子どもにとって身近な大人はもちろん重要ですが、近所の人や電車で隣に座った若い学生など、社会全体が子どもを大切に思っているという雰囲気も、子どもの自尊感情、ひいては自己も他者も大切に思う人を育てるかもしれません。

3節　調整する主体としての自己

▶1　自己制御

　自身の思考、感情、行動をコントロールすることを「**自己制御**（または**自己調整**）」といいます。自己制御の能力は幼児期を通じて発達していきます。たとえば、塗り絵で色を丁寧に塗る、「少し待ってて」と言われて待てる、ほしいものを我慢する、注意をそらさないでいられる、泣きたい気持ちを抑える、秘密を守るといったさまざまな自己制御の側面があります。

　自己制御のある側面を測定する「マシュマロ・テスト」とよばれる実験があります。この実験では、まず、子どもに好きなお菓子を選ばせます。それがマシュマロであったとしたら、実験者はお皿に載せたマシュマロを1つ渡して、「もしも私が戻るまでにこれを食べずに待っていられたら、もう1つマシュマロをあげます。もしも1つめを食べてしまったら、2つめはあげません」と言って部屋を出ます。1つのマシュマロを今すぐ食べてしまいたいというその場の欲求を抑えて、もう1つのマシュマロとあわせて2つのマシュマロを手に入れることができるかどうかを観察します。4歳未満の子どもは、多くの場合30秒以内にマシュマロを食べてしまいますが、4～5歳くらいになると我慢できる子どもが増えていきます。この実験を考案したミシェルは、「我慢する子どもが悪戦苦闘する様子は涙ぐましく、思わず拍手をして声援を送りたくな

る」と述べています。

　この実験を幼児期に行った子どもたちが中年期になるまで追跡調査をしたところ、マシュマロ・テストの結果がその後の人生におけるさまざまな指標と関連することが明らかにされました。たとえば、4〜5歳のときに待てる秒数が長かったほど、大学進学適性検査の点数が高く、青年期の社会的・認知的機能の評価が高く、大人になってからの肥満指数が低く、自尊感情が高い傾向がみられました。ただし、これらの結果を、子どもが我慢できるようになることが重要であると、単純にとらえるべきではありません。自己制御とは、子どもが自分にとってより大切な目標のために、自分の意志の力で目の前にある誘惑に抵抗できるという主体的な力です。

　状況に応じて衝動を抑えたり、必要に応じて今している行動を止めて注意をほかに向けたりする気質的特徴を「**エフォートフル・コントロール**」ともよびます。大内晶子らの研究では、子どものエフォートフル・コントロールが社会的適応と関連することが示唆されています。「エフォートフル」という表現の通り、子どもの能動的で意図的な制御に注目しますが、どの程度の制御が期待されるかは、子どもが育つ環境や文化によっても異なります。

▶2　自己主張と自己抑制

　子どもは人との関わりにおいても、自己を調整する必要があります。柏木惠子は、幼児の自己調整機能を自己主張的側面（例：嫌なことをはっきりと言える、自分の考えを述べる）と、自己抑制的側面（例：人に順番を譲ることができる、「してはいけない」と言われたことはしない）とに分け、3〜6歳の子どもの行動について教師による評定を求めました。その結果、図4-2に示すように、自己制御は年齢が上がるにつれて増え続けるのに対し、自己主張も伸びていくものの、4歳半ごろを境に伸び止まることを明らかにしました。また、図4-2をみると、自己抑制は男児よりも女児で高いこともわかります。

　自己主張が伸び止まることや女児で自己抑制が高い背景には、周囲の人を思いやったり譲ったりすることがより重視され、自己を強く主張することがあま

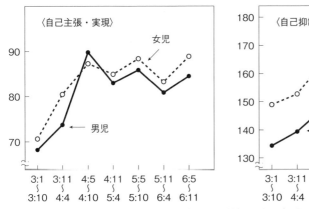
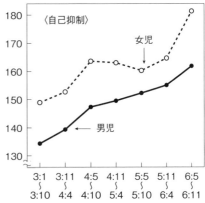

図 4-2　教師の評定による幼児の自己主張と自己抑制
（柏木, 1988 をもとに作成）

り重視されないといったジェンダーや文化による発達期待の差が関係すると考えられています。たとえば、東洋らは、日本の母親は欧米に比べて、子どもに自己主張よりも自己抑制をより強く期待する傾向があると指摘しています。また、実際に日本とイギリスの幼児で自己主張と自己抑制の発達を比較したところ、自己抑制については日英で差がなかったものの、日本の子どもよりもイギリスの子どもで自己主張が高いことが示されました。

　しかし、日本の子どもにおいても、自己を主張できることは重要であると考えられます。山本愛子は、4〜6歳にかけて物の取り合い場面における自己主張の内容が質的に変化することを明らかにしました。具体的には、幼児に紙芝居であそびの中での物の取り合い場面を提示し、「この後どうしますか？」と問い、絵カードの選択肢の中から回答を選択させました。すると、年齢が上がるにしたがって非言語的で自己中心的な自己主張（例：攻撃する、先生に言う）は減り、言語的で自他双方の要求を考慮した協調的な自己主張（例：説得する、一緒にあそぶ）が増加しました。また、後者の言語的で協調的な自己主張は、親密でない相手よりも親密な相手に対して多く選択されることも示されました。このように、たとえ表面的で単純な行動としての自己主張が伸び止まるとしても、子どもは相手や状況に応じて、より上手に自己主張ができるようになって

いくと考えられます。

▶3　自己と他者の調整とアサーション

　これまでにみてきたように、子どもの自己は人間関係の中で発達し、また、温かな人間関係こそが自尊感情を育むと考えられます。さらには、このようにして育まれた自己が、他者との関係の中で自己主張的な行動をとるか自己抑制的な行動を取るかを自分で選択するようになり、自ら主体的に行動を調整することによって人間関係をつくったり維持したりすると考えられます。

　上述の自己制御の研究では、主として子どもがどのくらい我慢できるか、また、自分の邪魔をされたときにどう対処するかを検討していました。そこで、平井美佳は、目標を阻害されたり何かを奪われたりするのではなく、逆に、誰かが困って助けを必要としているという状況でもない、自己と他者の対等な要求が対立する場面を用いて、幼児の自己と他者の調整について検討しました。具体的には、3〜6歳の幼児に面接を行い、実際に仲のよい友だちを教えてもらったうえで、その友だちに自分の宝物のおもちゃを貸してほしいと言われた場面を想定してもらい、「もしも○○ちゃんだったらどうするか？」について答えてもらいました。その結果、年齢が上がるにつれて相手に譲る（例：貸してあげる）ことが可能になる一方で、自己を主張すること（例：貸さない）は減りました。ただし、図4-3に示したように、年齢が上がるほど自己と他者にともに配慮できる子ども人数は増えました。たとえば、ある6歳児は、「Mちゃん（友だち）が使いたいから貸してあげる。R（本人）が明日返してねって言ったら、Mちゃんは明日返してくれるから。明日忘れちゃったら、明後日返してくれるから」と述べました。また、別の6歳児は、「それ大切にしてるから、今度のお休みのときにはお家に来て一緒に遊ぼうって言って、一緒に遊ぶ」と答えました。これらの例からは、幼児期の子どもが相手は返してくれると信頼して貸す、また逆に、貸せない代わりに一緒に遊ぶというアイデアを出すというように、相手のことも自分のことも大切にしながら主体的に自己と他者の調整を行う様子がわかります。これは、より年少の子どもが単純に、自己

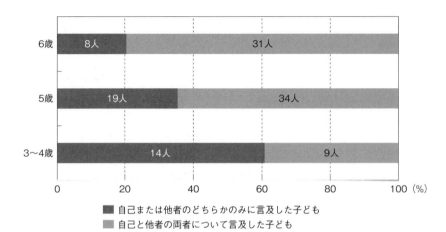

図 4-3　自分の宝物を貸してほしいと友だちに言われたという架空場面において自己と他者の両者（または、どちらか一方のみ）に言及した子どもの人数とその割合
（平井, 2017 より作成）

のみを主張する（例：「それはだめ」「嫌だよっていう」）、または、他者に譲歩する（例：「いいよって言う」「貸してって言うから貸す」）回答とは異なります。

　自己と他者の両者をともに尊重するコミュニケーションを「**アサーション**」といいます。アサーティヴな態度とは、自分も相手も大切な 1 人の人間であり、だからこそ、相手に配慮しながら自分の気持ちや要求を伝えようとすることです。本章でみてきたように、他者との関係の中で育まれる自己は、自分も他者も大切にしながら調整を行う主体として発達していきます。アサーティヴな態度をいつも実践することは、大人にも難しいことがあります。しかし、子どもも大人も、たとえ失敗しても、振り返ってそこから学び、練習をして、より上手にアサーションができるようになっていくのでしょう。つまり、自己は、生涯にわたって発達していくといえます。

子どもと貧困

　明日食べるものにも困る、住む家がないなど、最低限の生きるための条件を欠くような貧困状態を「絶対的貧困」とよびます。これに対し、現代の貧困は「相対的貧困」としてとらえる必要があります。相対的貧困とは、その人が暮らす社会の中で当たり前とされる生活ができない状態にあることを意味します。

　相対的貧困をとらえる代表的な指標は「相対的貧困率」です。これは、等価可処分所得をもとに算出されるものですが（詳細は、阿部（2012）などを参照）、簡単にいえばその国の1人あたりの手取りの年収を並べたときに中央値の半分を貧困線として、そこに満たない人の割合を示すものです。日本では 2018 年の貧困線は 127 万円で、この金額以下の所得に満たない世帯に暮らす 17 歳以下の子どもの貧困率は 13.5％、ひとり親世帯の貧困率は 48.1％ にも上り、きわめて深刻な状況にあります（厚生労働省, 2020）。

　年収から計算される相対的貧困率とは別に、イギリスなどでは、市民が「すべての人が持っていて当たり前である」と考える必需品（衣食住や玩具などの物質的なものと、教育や社会参加など社会的なものを含む）を特定したうえで、それらを持っていない、享受できない状態にあることを「相対的剥奪」状態にあるとして、この状態にある子どもを特定しようとする方法が用いられます。しかし、日本ではそもそも必需品についての合意自体が低いことが示されてきました（阿部, 2008；平井ら, 2015）。

　現在、世界中で格差が拡大する中で、子どもが相対的に剥奪されることで社会から排除され、その子どもがまた排除されていくという貧困の悪循環が起こっています。子どもは、自分が生まれる環境を選べません。2014 年に施行（2019 年一部改訂）された「子どもの貧困対策の推進に関する法律」の基本理念は、「子どもの将来がその生まれ育った環境によって左右されることのない」社会を実現することです。解決への道のりは遠く、市民一人ひとりがこの問題についての理解を深め、政策を選んでいく必要があります。

第 5 章 感情の発達

　子どもは実によく笑い、泣き、怒ります。子どもから笑顔を向けられてつい微笑み返したり、子どもの泣き声を耳にしてどうしたのかと気になったりしたことは、誰にでもあるでしょう。子どもが表す感情は、心の状態の表れであるとともに、他者から関わりを引き出す強力なコミュニケーションツールであるといえます。大人は表情や行動を手がかりに子どもの感情を読み取って、それを子どもと共有したり、高ぶった子どもの感情を静めたりしようとします。このような大人の助けを借りながら、子どもはさまざまな感情を経験し、自分や他者の感情に関する理解を深め、自身の感情やその表出を調整する術を身につけていきます。本章ではこうした感情発達のプロセスについてみていきます。

1節　感情とは何か

▶1　感情を構成するもの

　喜怒哀楽、私たちは日々さまざまな感情を経験しますが、私たちは何を手がかりに、自分や他者に感情が生じたことを知ることができるのでしょう。

　心理学的にみると感情とは、特定の出来事に対して急速に引き起こされる一過性の強い反応をさし、神経生理的側面、表出行動的側面、内的主観的側面から成り立つとされています。神経生理的側面とは、心臓の鼓動が速くなる、手に汗をかくなどの身体面での変化をさします。また、表出行動的側面とは、顔の表情や声の調子、姿勢や行動に表れる変化をさします。さらに、内的主観的側面とは、喜怒哀楽などのことばで表される、主観的に経験される変化をさします。どのようなときにどのような感情が生じるかは、そのとき生じた出来事や周りの状況を人がどのようにとらえたのか（これを**認知的評価**とよびます）によって決まります。したがって、子どもがどのようなときにどのような感情を経験するのかは、子どもの認知面や運動面の発達とともに変わっていきます。

▶2　感情の役割

　感情の中でもとくに、怒りや悲しみ、不安などのネガティブな感情はやっかいものとみなされがちです。では、感情は何のためにあるのでしょう。

　次のような状況を考えてみましょう。「こう君が積木で大きな家をつくっていました。そこに、けん君が蹴ったボールが飛んできて、完成間近だった積木の家は崩れてしまいました」。

　この後、どのようなことが起こるでしょうか。大きな家をつくる、という目標の実現を妨げられたこう君は、「ひどいじゃないか！」と怒ってけん君に飛びかかるかもしれません。けん君も「わざとじゃない」と言い返し、2人の間でけんかが始まるかもしれません。あるいは、崩れた積木の山を見てこう君は、がっくりと肩を落とした後、涙を拭いて積木を積み直し始めるかもしれません。

その様子を見ていたほかの友だちがこう君に声をかけ、一緒に積木を積み始めるかもしれません。

　この例にあるように、感情は、その人がどのような目標をもっているか、ということと結びついて生じます。また、そこで生じた感情は、その状況に応じた行動をとるように当人やそれを目にした周りの人たちを動機づけます。このように感情は、とっさの場面で必要とされる行動を導くためのシグナルとして働き、私たちが環境の中で出合うさまざまな問題に対処できるよう、私たちの適応を助ける役割を果たしていると考えられます。

　怒りや悲しみ、不安などの感情は、他者との関わりを阻害したり行動にブレーキをかけたりと、一見するとネガティブな結果をもたらします。しかし、怒りや不安が生じなければ、私たちは攻撃や危険から自分の身を守ることができません。また、私たちは他者と感情を共有できるからこそ、他者との関係をつくったり維持できたりするのだといえます。このような感情の性質は、諸刃の剣（一方では非常に役立つが、他方では大きな損害をもたらす危険もある、という意味）にたとえられます。乳幼児期をかけて子どもは、感情という諸刃の剣の使い方——具体的には、さまざまな感情を経験し、感情の強さや持続時間を調整すること、自分や他者の感情を理解すること、状況に合った感情の表し方や伝え方を身につけることなど——を、認知面、運動面の発達や大人による支えを受けながら身につけていきます。

▶3　乳幼児期における感情発達の課題

　感情は私たちが生活するうえで環境への適応を支える役割を果たしていますが、それは感情が、対処を要する状況下で迅速に生じる、という性質をもっていることによります。たとえば、目の前にクマが現れたときには恐れが生じ、次にとるべき行動（闘うか、逃げるか）についての判断が瞬時になされます。どうすればよいかを悠長に考えていたら、その間にクマに襲われてしまいます。この例にあるように、感情は、緊急の状況に置かれていると認知されたときに生じ、その状況でとるべき行動へと人を駆り立てる役割をもっています。裏返

せばこれは、強い感情が頻繁に生じたり長時間続いたりすると、日常生活が立ちいかなくなることを意味します。強い感情を経験しているときに、そのことで頭がいっぱいになり、何も手につかなくなってしまったことは誰でもあるでしょう。感情は、その強さや持続時間が適切な範囲内にコントロールされているときに初めて、私たちの心身を守り、私たちが社会生活を送るうえでの助けとなりうるのです。

生後間もない乳児は、自分の感情をコントロールする術をほとんどもっていません。そのため強い感情が生じたときには、養育者がその原因を取り除いたり、なだめたりすることになります。こうしたやりとりの積み重ねを通して、乳児は感情はコントロールできる安全なものである、ということを学び、さまざまな感情をオープンに経験し、表出できるようになります。

幼児期になると、感情のコントロールの担い手は、養育者から子ども自身へと移っていきます。出来事のつながりを理解する能力や過去の出来事を振り返る能力、ことばの発達などに支えられて、子どもは感情の原因や感情表出がもたらす結果についての理解を深め、自身の感情を扱う方法や適切な感情表出の仕方を身につけていくようになります。

2節　乳児期の感情発達

乳児期には、主に認知能力の発達に伴い、快、不快から喜怒哀楽の感情が分化していきます。これらの感情の表出は、乳児の心身の状態を養育者に伝え、養育者から必要とする世話を引き出すという重要な役割を担っています。本章2節では、感情の分化と、感情をめぐるやりとりの発達についてみていきます。

▶ 1　感情の分化

快感情（微笑みや笑い）の発達　生後1か月ごろまでの乳児は、うとうととまどろんでいるときに微笑むような表情をみせることがあります。この微笑みは、外から与えられた特定の刺激によって引き起こされるものでも、何らかの感情

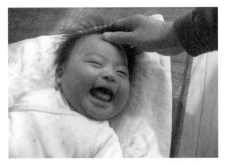

図5-1　生後19日目の生理的微笑（左）と生後2ヵ月目の社会的微笑（右）

によって引き起こされるものでもなく、身体の生理的な状態を反映したものであると考えられているため、**生理的微笑**とよばれています（図5-1）。

　その後、乳児の微笑みは、外的な刺激と結びついて生じるようになります。その中でもとりわけ重要なのが、**社会的微笑**の出現です（図5-1）。生後2か月ごろを過ぎた乳児は、人の顔を見ると、微笑んだり心地よさそうな声を出したりするようになります。やがて、生後4か月ごろになると、声をたてたり大きな口を開けたりして笑うようにもなります。初期の**笑い**は、抱き上げる、身体を揺らすなどの身体刺激やリズミカルな音や声などの聴覚的刺激によって引き起こされることが多いのですが、生後半年を過ぎると、物事を予期する能力の発達によって、「いないいないばあ」で顔が現れそうなときや、大人がくすぐる構えをとったときに笑うなど、相手の反応を予期してやりとりを楽しむ様子がみられます。このように、乳児の快感情の理由は、月齢とともに変わっていきます。

　乳児の微笑みや笑いは、養育者に、乳児をかわいいと思う気持ちや、もっと乳児に関わりたいという気持ちを引き起こします。微笑みや笑いの発達とともに、両者の間では活発なやりとりが交わされるようになっていきます。

不快感情（泣きやぐずり）の発達　生後間もない乳児の泣きの多くは、生理的な不快や苦痛（空腹や眠気、暑さや寒さなど）によるものです。やがて数か月のうちに、怒りや悲しみ、恐れが、不快から分化してみられるようになります。

怒りは、自分がやろうとしていることを妨害された、という認知的評価がなされたときに生じる感情です。**怒り**の表情が明確にみられるのは、生後4か月ごろといわれています。これは、乳児が物に向かって手をのばし、それをつかめるようになり始める時期にあたります。「あれを取りたい」という目標ができることで、それが実現しないときに怒りが生じるようになるのです。怒りの表し方も、月齢とともに変わります。生後4か月の乳児は、腕を押さえられると、自分の腕や腕を押さえた人の顔を見て怒りを示しますが、生後7か月の乳児は、そばにいる母親に怒りの顔を向けます。母親の助けを期待して、または、母親に怒りを伝えようとして、こうした反応をとるようになるのだと考えられます。

　悲しみは、自分にとって大切なものが失われたという評価がなされたときに生じる感情です。生後3か月ごろの乳児でも、養育者があやすのを突然やめると悲しみの表情を示すことから、乳児はこのころからすでに、自分が働きかければ応じてくれるという期待を養育者に対して形成していることがわかります。悲しみの表情がより明確に認められるのは生後6か月ごろであり、これはちょうど、養育者への明確な愛着が形成される時期にあたります。

　恐れは、自分に危険や害がもたらされる、という評価がなされたときに生じる感情です。生後6か月ごろからみられる**人見知り**（見知らぬ人に声をかけられると泣く）や**分離不安**（養育者の姿が見えなくなると泣いたり後追いをしたりすること）は、恐れの表れとしてとらえることができます。これらは、養育者への愛着が形成されることに伴い現れる反応です。また、生後9か月ごろには、高さへの恐れがみられるようになります。この時期にははいはいでの移動が可能になり、転んだり、高所から落ちたりする経験が増えるため、高さへの恐れが形成されるのだと考えられます。

▶2　感情発達の土台となる養育者とのやりとり

　ここまで、状況の評価に関わる認知能力の発達とともに感情が分化していく様子をみてきましたが、感情の発達は、養育者からの働きかけがあって初めて

展開されていくものです。この節では、乳児と養育者のやりとりに焦点を当て、養育者が乳児の感情発達をどのように支えているのかをみていきます。

感情を読み取る　乳児と養育者のやりとりをみてみると、養育者は乳児の感情がそれほどはっきりとは分かれていない誕生後間もない時期から、乳児にさまざまな感情を読み取っていることがわかります。生後数か月の乳児の微笑みや泣きの多くは生理的な状態を反映したものであり、乳児自身は、うれしいとか悲しいといった感情は経験していない可能性が高いのです。それにもかかわらず養育者は、「かまってもらえなくてさびしかったのね」などと、乳児の表情や行動に、現実以上の意味を読み取りながら乳児に関わります。

　このような養育者の関わりは、乳児が、感情をはじめとする自他の「心」に関する理解を築いていくための土台になると考えられています。私たちはふだん、相手が「心」、すなわち、意図や感情、願望、信念をもつ存在であることを前提に、他者と関わっています。他者と関わる際のこうした構えは、心の輪郭がまだ不明瞭である乳児のうちから、「心」をもつ存在として扱われることによってつくられていくものなのです。なお、物事を子どもの視点からとらえ、幼い子どもであっても心をもった 1 人の人間としてみなす傾向は、**マインド・マインデッドネス**とよばれています。マインド・マインデッドネスは養育者への安定した愛着の形成や、心の理論の獲得に促進的に働くことがわかっています。

感情をなぞり、調整する　乳児のうちは、感情の調整に関わるさまざまな機能が未熟です。そのため、感情が高まった状態から落ち着いた状態へと回復を遂げるためには、養育者の支えや助けが欠かせません。

　乳児が泣いたりぐずったりすると養育者は、表情や泣き方、行動などを手がかりに、乳児の感情状態や泣きの原因を探り、乳児をあやそうとします。このとき、養育者は無意識のうちに、乳児の声の抑揚や表情、身体の動きをなぞり、あたかも鏡のように乳児の状態を映し出します。これは、**ミラリング**（スターンによる）とよばれています。また、乳児が泣くと養育者は、初めのうちは乳児の泣き顔をまねしたり、泣きの激しさに合わせて身体を大きく揺すったり声

をかけたりするものの、徐々に穏やかな調子で声をかけ、乳児の身体をゆっくりと揺らして、乳児を落ち着かせようとします。養育者のこのような共感的な関わりは**調律的応答**とよばれ、乳児の感情を調整する機能をもつと考えられています。

感情の共有と表情の意味の理解　1歳を迎えるころ、**共同注意**（同じ対象への注意を他者と共有すること）や三項関係（6章参照）が成り立つようになると、乳児と養育者の間では、同じ対象をめぐって感情を共有したり、やりとりしたりする様子が盛んにみられるようになります。このころの乳児は、面白いものを見つけると、「あ、あ」とそれを指さしながら喜びの表情を養育者に向けます。また、どうすべきかがわからない状況（見たことのないおもちゃや知らない人が目の前に現れたときなど）に置かれたときには、養育者の表情を確かめます。そこで、養育者が微笑めば、その状況は安全だと判断し、行動を続けますが、怒りや不安の表情を示せば、その行動をとることをやめます。乳児は養育者の表情を手がかりに、養育者が目の前の状況をどのようなものととらえているのかを推測し、それをもとに自分がとるべき行動を判断しているのです。これは、**社会的参照**（キャンポスらによる）とよばれており、他者の表情にどのような意味がこめられているのかを乳児が理解し始めたことを示しています。乳児を取り巻く人たちが表情豊かに乳児に関わることは、乳児がさまざまな物や状況の意味を知り、自身の行動を判断するうえでの助けとなるのです。

3節　幼児期の感情発達

　乳児から幼児へと変わる1歳半を過ぎ、表象能力や客体的な自己意識（4章参照）が獲得されると、子どもの感情面には2つの大きな変化が生じます。1つは自己意識的感情が芽生えること、もう1つは自分の感情をことばで扱えるようになることです。さらに幼児期の後半になると、心についての理解（2章参照）の発達と相まって感情やその表出についての理解が進み、また、認知能力の発達と相まって、感情を調整する方略のレパートリーが広がります。

▶ 1　自己意識的感情の芽生え

　1歳半ごろに客体的な自己意識が獲得されると、子どもは、自分が他者の目にどう映っているのか、他者から何を期待されているのか、何が望ましいことで何が望ましくないことなのかを意識するようになります。このような変化に伴い、照れや共感、罪悪感、恥、誇りといった感情が生じるようになります。これらは自己意識の獲得によって他者の目を意識することで生じる感情であることから、**自己意識的感情**とよばれています。（もっとも、最近では、こうした感情が発現するために、客体的自己意識は必ずしも必要ではない、とする立場もあります。）

　自己意識的感情のうち初めに現れるのは、照れと共感です。客体的自己意識を獲得した子どもは、鏡に映った自分の姿を見て戸惑うような表情をしたり、自分の服やしぐさをほめられるとはにかみ笑いをしたりするなど、**照れ**に関連した行動を示します。また、痛がっている人や泣いている人を見ると、慰めたり助けようとしたりするなど、**共感**に関連した行動がみられるようになります。

　2歳後半になり、社会的な規則や基準（してよいことやしてはいけないこと、すべきことやすべきではないこと）を理解し始めると、今度は罪悪感や恥、誇りが生じるようになります。具体的には、自分がとった行動が社会的規則に反していたりめざす基準に達していなかったりしたときに、それを修復しようとする**罪悪感**の行動（自分がこぼしたお茶を拭こうとする、ごめんなさいと頭を下げるなど）や、身を隠そうとする**恥**の行動（部屋の隅にうずくまるなど）がみられます。さらに、競争に勝ったときや自分の行為をほめられたときに、ばんざいやガッツポーズをすることがでてきますが、これは**誇り**に伴う行動であると考えられています。社会的な規則や基準が子どもの中に取り入れられ、罪悪感や恥が生じるようになると、ほめたり叱ったりする大人がその場にいなくても、子ども自ら行動の是非を判断し、ふるまうことができるようになっていきます。

表5-1　保育園であった出来事をめぐる3歳児（A）と母親の会話

(著者の研究ノートより抜粋)

3歳4ヵ月	保育園から帰ってきて、母が（今日は何が楽しかった？）と尋ねると、「ねたのと、ごはん、たべたこと」．　（じゃあ、何かいやなことはあった？）「うん．」（いやじゃなかったら教えてくれる？）「おやつの時に、Tとけんかした．Aがいすにさっとすわったら、R、泣いたの．けんかしようと思ったんじゃないの．」
3歳5ヵ月	母が（A、最近、指しゃぶり、しないね．偉いね．今日もしなかった？）と聞くと、「してない」．母が（どういう時に指しゃぶりしちゃうの？保育園でママがいない時に、寂しいから？）と尋ねると、「うん」と頷く．それから、数秒考えるそぶりをした後、「Mちゃんも、さびしかったから、ゆびしゃぶりしてたのかな？」と言う．
3歳8ヵ月	保育園からの帰り道で．「はないちもんめ、きょうやって、HとA、おかしかったんだよ．こうやって、あし、あげたときに、ひっくりかえったの」．母が（わざとやったの？）と尋ねると、「そうじゃないよ．さいしょ、せんせいがいきなりひっぱって、Hがたおれたんだよ．そしたらHがわらって．A、わらうほど、えがおがいっぱいだったんだよ．Hもね」．

会話中のアルファベット（T, R, M, H）は友だちの略称．「　」はAの発言，（　）は母親の発言．

▶2　感情をことばで表す

　客体的な自己意識の獲得によって自分の心の状態を外側からみられるようになり、さらに話しことばが発達してくると、子どもは自分が経験した感情をことばで表せるようになります。アメリカの家庭で幼児と家族のやりとりを観察したウェルマンの研究によれば、2歳ごろまでに子どもは、自分や身近な他者の基本的な感情をことばで表し始めます。また、その時その場の感情についてだけでなく、ふりあそびの中で感情をことばにしたり、過去に自分が経験した感情について話したりするようにもなります。さらに3歳ごろには、自分が経験した感情の原因についても語りうるようになります。表5-1は、3歳の男児と母親の感情に関する会話を示したものです。母親とのやりとりの中で、幼児が感情についてさまざまなことを考えているのがわかることでしょう。

　ことばで感情を表せるようになることは、子どもにいくつかの利点をもたらします。1つは、自分の感情をより的確に他者に伝えられることで、他者に自分の思いを理解してもらうことが容易になります。1、2歳の子どもはよくかんしゃくを起こしたり、人を叩いたり噛んだりしますが、その理由の1つは、

自分の思いをうまく伝えられないことにあります。子ども自身がことばにできない思いを大人が言語化し、受けとめることで、子どもは自分の感情に向き合い、落ち着きを取り戻すことができるようになります。

　2つめに、感情をことばで表すことは、感情を調整するうえでの助けとなります。自分の感情を誰かに話したり何かに書いたりしているうちに気持ちが落ち着いた、という経験はみなさんにもあることでしょう。犬が苦手なある子どもは、大きな犬の前を通るときに「こわくない、こわくない」とつぶやきました。この子は「こわい」という感情を調整する道具としてことばを用いたのだと考えられます。

　3つめに、感情に関する会話に参加することで、感情についての理解が深まります。会話の中では、感情の原因や感情がもたらす結果、感情をコントロールする方法、感情の表し方、感情とほかの心的状態との関連など、感情に関して多くのことが話題にのぼります。いくつかの研究では、家族との間で感情の原因や結果に関する会話をより多く経験している子どもほど、感情に関する理解が進んでいたことが示されています。

　ところで、子どもにとっては、感情をことばで的確に表すことは、決してやさしいことではありません。実際に子ども同士の間では、思いがうまく伝わらずにトラブルになることが多々あります。また、子どもの中には、表現の仕方が上手ではない子（たとえば怒るとすぐに手が出てしまう子）や、感情を表すことを過度に控えてしまう子もいます。このような場合、大人が子どもの感情を代弁し、思いを伝えることを助けたり、感情の原因や対処の方法を一緒に考えたりすることが、子どもにとっては役に立ちます。こうした大人の関わりに支えられながら、子どもは、自分や他者の感情に関する理解を深め、感情の表し方や伝え方を身につけていきます。

▶3　感情についての理解の発達

　幼児期には、感情についての理解が飛躍的に進むと同時に、子ども自身が感情を調整できる場面が増えていきます。

表情と感情の結びつきの理解　表情は、他者の感情を知るうえでもっともわかりやすい手がかりですが、子どもはいつごろから、表情と感情の名前を結びつけることができるのでしょうか。これまでの研究では、3歳ごろにはほとんどの子どもが、喜び、悲しみ、怒りに対応した表情の絵を正しく選べるようになることがわかっています。その一方で、表情の写真を手がかりに、その人物の感情をことばで表現することは、5、6歳でもまだ難しいようです。

状況と感情の結びつきの理解　「こういうときにはふつう、こういう気持ちになる」というような、状況と感情の結びつきについては、単純なもの（プレゼントをもらうとうれしい、おかあさんがいなくなるとかなしい、など）であれば、3歳ごろから理解が可能になります。また、4歳を過ぎると、心の理論（2章を参照）が獲得されることで、同じ状況でも人によって抱く感情は異なる可能性があることを理解するようになっていきます。

見かけの感情と本当の感情の不一致の理解　友だちから期待はずれのプレゼントをもらったとき、あなたならどう反応しますか。おそらく、友だちの前であからさまにがっかりした表情をすることはないのではないでしょうか。実は、このような場面で実際に自分が感じている感情とは異なる感情を示すこと（うれしそうに笑うなど）は、3歳児でも可能です。ただし、3歳児の場合は、意識的にそうしているのではなく、「プレゼントをもらったときにはいつも笑顔を見せる」という社会的表示規則（自分が属する社会や文化の中で望ましいとされる感情表出の仕方）にしたがって笑顔を見せている可能性があると考えられます。

　その後、4歳から6歳くらいの時期をかけて、「人は本当の感情を隠すために、それとは異なる表情をすることがある」ことについての理解が進み、偽りの表情を示している人が本当はどのような感情でいるのかを推測できるようになっていきます。

感情調整の発達　幼児期になり、表象能力や記憶力、実行機能などの認知能力の発達や言語能力の発達が進むと、子ども自身が感情を調整できる場面が増えていきます。具体的には、不快感情の原因に直接働きかけて状況の改善を図る、

他者に援助を求めることで状況を変えようとする、楽しいことを想像するなど、感情を調整するために多様な方略を用いることが可能になっていきます。

▶ 4 友だち同士の間での感情のやりとり

　幼児期になると、子どもの生活の場は保育園や幼稚園など、家庭の外へと広がります。子どもたちは保育者の働きかけに支えられながら、友だちとの関わりを積み重ねていきます。子どもたちは、あそびの楽しさを共有する一方で、物の取り合いやあそびのイメージの食い違い、意見のぶつかり合いなど、さまざまな理由で衝突し、不快な感情を経験します。ここでは、子どもたちが園生活の中でどのような感情を経験していて、感情をめぐってどのようなやりとりをしているのかをみていきましょう。

笑いの共有とふざけ行動　笑いは、子ども同士をつなげるもっとも有用なツールです。2歳ごろから、子どもは他者に向けて自らよく笑いかけるようになり、笑いを他者との関係の中で能動的に用いるようになります。また、4歳ごろになると、相手を笑わせたり、ふざけ合ったりする姿がみられ、「おしり」「うんち」などの下品なことばや流行のギャグを口にしたりすることがよくあります。4歳ごろになると子どもは、友だちの存在や、自分が友だちにどうみられているかを強く意識するようになります。そのため、じゃれ合う、下品なことばを言うなどの手っ取り早い方法で友だちと笑いを共有することで、相手との関係を築いたり確かめたりしているのではないかと考えられます。

　ふざけ行動は、子ども同士のポジティブなコミュニケーションを促すものであり、時としていざこざなどのネガティブな状況に対処したりするうえでも役に立つものです。一方で、ふざけ行動の中には、友だちをからかうなどの攻撃性を伴うものもあります。度を超したからかいに対しては、笑われた子どもの気持ちを大人が一緒に考えるといった関わりが必要です。

友だちに対する悲しみや怒りの表出　子ども同士の間では、4歳ごろから友だちとの関係をつくるうえで笑いが能動的に用いられることをみてきました。では、悲しみや怒りといった感情の表出については、子どもはどう考えているの

でしょう。いくつかの研究によれば、5歳ごろになると、自他の感情表出の結果や影響についての理解がみられ始め、表出する感情の種類に応じて、異なる対処をしようとする姿がみられることがわかっています。

　著者が行ったインタビューでは、年長児は自分が友だちに悲しみの表情を見せると、友だちは「かなしい気持ちになる」「かわいそうっていう気持ちになる」などの共感的な感情を抱き、慰めたり話を聞いたりしてくれる、と考えていました。一方で、怒りの表情を見せると、友だちは不快な気持ちになり、「謝ってくれ」たり「話を聞いてくれ」たり、泣く、怒るなどの否定的な反応を示したりする、と考えていました。ただし、感情表出の結果や影響をどの程度理解しているかは、子どもによっても大きく異なるようです。その子どもの理解に応じた声かけや手助けを、大人はしていく必要があります。

▶5　感情コンピテンスと感情の社会化

　感情を経験したり表出したりすることそれ自体は悪いことではありませんが、感情に伴って引き起こされる行動の中には社会的に好ましくないものがあったり、他者に不快を与えうる感情表出の仕方があったりすることも事実です。そのため子どもは、親や保護者をはじめとする周りの大人から、社会や文化の中で適切とされる感情理解の仕方や感情表出の仕方、感情調整の仕方を、直接的にも間接的にも学んでいきます。このように感情は**社会化**されていくものであり、感情に関わる諸スキルを社会的文脈の中で適応的に用いる能力のことを、**感情コンピテンス**とよびます。では、子どもの感情コンピテンスは、大人のどのような関わりによって育まれるのでしょうか。

　ゴットマンは、子どもの感情を無視したり否定したり軽んじたりせず、子どもの感情に共感を示し、感情の扱い方を教えるような親の関わり方を、**感情のコーチング**とよんでいます。感情のコーチングには、①子どもの感情に気づく、②子どもが感情を経験しているときを、子どもとの仲を深めたり子どもに感情について教えたりするチャンスととらえる、③子どもの感情を理解しようと努め、子どもが抱いた感情を妥当なものとして受けとめる、④子ども自身が感じ

表 5-2　感情をめぐる親子のやりとりの例

(Denham, 1998)

3 歳のモンローは、初めての友だちが引っ越すことになり、とても悲しんでいました。両親は、彼の悲しみを受けとめ、彼が友だちに別れを告げることを助けると同時に、友だちの大切さを教えました。両親は、悲しみに対処する方法——たとえば手紙を書くこと、を彼に教えました。両親は、モンローが友だちと過ごした楽しかったときのことをモンローと一緒に振り返り、また楽しいことがあるよ、と彼に言いました。

ステーシーの母親は新しいプールを買い、家族が楽しく過ごすことを望んでいました。しかし、ステーシーはその日、機嫌が悪く、母親が言うことに対していちいち泣き叫び、ついにはかんしゃくを起こして床に寝転がり、いすを投げ倒し、物を蹴飛ばしました。母親は、そんなことをしてはいけない、散らかした物を全部片づけなさい、とステーシーに言いました。母親はステーシーを好きなだけ泣かせた後、彼女を抱きしめ、どうしたのかを話し合いながら彼女を慰めました。このときステーシーは、ある程度以上の強さの感情や感情表現は受け入れられないものであり、感情をぶちまけるよりもことばで伝えたほうがよい結果を得られることを学んだのです。

ている感情をことばで表すことを助ける、⑤子どもが直面している問題を解決することを助ける。その際、子どもの言動に行きすぎたところがあればそのことを伝え、どのような言動が適切なものであるのか、適切でない言動をとったときにはどのような帰結にいたるのかを伝える、といったことが含まれます。表 5-2 は、親子のやりとりの中での感情のコーチングの一例です。

　感情経験や感情の表し方にはその子らしさが表れますが、それは、生まれつき備わった気質を土台として、周りの環境やさまざまな経験の影響を受けてつくられていくものです。成長の過程では、苛々しやすい子どもが、友だちと楽しく過ごせるようになりたいからと、怒りとの向き合い方を身につけていったり、怖がりの子どもが、憧れの人や物事に出会って、自ら新しいことに挑戦するようになったりすることもあります。子どもの育ちの場に関わる大人は、子どもが自分や他者の感情と向き合い、自分らしさを育んでいくことを支えられるように心がけたいものです。

イヤイヤ期への対応

　1歳後半を迎えた子どもは、自己意識の育ち（4章参照）に伴い、自分が自分の行動を選択・決定し、実行する主体であることを認識し始めます。これを契機に現れるのが、「イヤ！」「ジブンデ！」ということばに代表される、反抗や自己主張です。自分に関することは自分が決めたい、自分であれこれやってみたい、という思いがふくらみ、ほかならぬ自分の思いを周りの人にわかってほしい、という願いから生じるのが、反抗や自己主張です。これらの行動が激しさのピークを迎える2、3歳ごろまでの時期は、第一次反抗期（イヤイヤ期）とよばれます。しかし、この年代の子どもは他者に逆らってばかりいるわけではなく、自ら進んで他者の求めに応じようともします。自分の思いにも他者の思いにも意識が向くようになるがゆえに、両者の間で揺れ、葛藤する姿がみられるのがこの年代の子どもの特徴です。

　園などの集団生活の場では、子ども同士の思いが衝突して、場所や物を取り合う、思うようにならずかんしゃくを起こす、といった姿がみられるようになります。着替えや片づけを断固拒否する、といった姿もみられます。このような時に、「○○ちゃんはこうしたかったんだね」と大人が子どもの思いをことばにしていったん受けとめると、自分の思いをわかってもらえた、という安心感から、相手の思いや周りの状況に目を向ける心の余裕が子どもの中に生まれます。そのうえで、相手の思いや生活の中の決まり事を伝えたり、その状況でとりうる行動の選択肢を示したり、気持ちを切り替えるきっかけを大人が作ってあげると、子ども自身が見通しをもって行動を選び、気持ちを立て直すことができるようになっていきます。こうしたやりとりから子どもは、自分の思いの伝え方や折り合いのつけ方を学んでいきます。

　他者と共に過ごす楽しさや心地よさを知ること、自分が好きな遊びややりたい遊びにじっくり取り組むこと、さらに、自分の思いと他者の思いの間で葛藤すること、これらの経験がそろって初めて、子どもが主体的に考え、行動する力は育まれていきます。子どもたちが安心して自分の思いを表し、葛藤できる環境や人間関係を作っていくことが、この年代の子育てや保育において大切なことだといえるでしょう。

第 **6** 章 ことばの発達

　子どもが最初のことばを話すのは、1歳の誕生日ごろのことです。それから、さらに1年ほどすれば、単語をつなげた文も話せるようになり、3歳になれば、身近な人と会話を楽しむこともできるようになります。このように表面上、ことばの学習は1歳から始まるようにみえます。しかし実は、まったくことばを話さないゼロ歳のころの学習があるからこそ、1歳で話せるようになるのです。また、一通りの文が話せるようになったあとでも、身近な人以外にもよくわかってもらえるように語るためにはどうしたらよいかなど、ことばを使いこなすための「わざ」を子どもはまだまだ磨いていかなければなりません。このようなことばの発達の過程とはどのようなものなのでしょうか。

1節　ことばを聞くことの発達

▶1　胎内での学習

　生まれたばかりの子どもでも、ほかの女性の声よりは母親の声を聞きたがることを、デキャスパーとファイファーは見出しました。また、ムーンらは、新生児が、外国語より母親の話す言語を聞きたがることを示しました。このようなことがわかるのは、乳児におしゃぶりをくわえさせ、速いスピードでおしゃぶりを吸ったら音声Ａが聞こえ、ゆっくり吸ったら音声Ｂが聞こえてくる、というようにすると、ほかの女性の声より母親の声、また、外国語より母親の話す言語を選ぶからです。このように、子どもは胎内にいるときからすでに母親の声や話すことばになじんでいます。

　しかし、母親の胎内で羊水につかった状態の胎児に届く音とは、私たちがふだん空気中で耳にしている音とはだいぶ違って、弱く、はっきりしないものです。それがどのような感じであるかは、プールにもぐって外で話す人の声を聞くことを想像していただければ、おわかりいただけると思います。母親が話すのを胎児が聞いているといっても、それは、はっきりと聞き分けられることばではなく、話すときの抑揚やリズムなのです（図6-1）。

　なお、母親に聴覚障害があり手話を使っていた場合、胎児には話し声を聞くチャンスはないかもしれません。それでも、そのような母親から生まれた子どもも、生まれたあとに

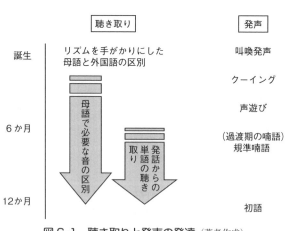

図6-1　聴き取りと発声の発達 （著者作成）

聴き取り　　　　　　　　　　発声

誕生　　リズムを手がかりにした　　　叫喚発声
　　　　母語と外国語の区別
　　　　　　　　　　　　　　　　　クーイング

　　　　母語で必要な音の区別　　　　声遊び

6か月　　　　　　　発話からの単語の聴き取り　（過渡期の喃語）
　　　　　　　　　　　　　　　　　規準喃語

12か月　　　　　　　　　　　　　　初語

話しかけてもらえれば、支障なくことば（音声言語）を身につけていくことができます。したがって、胎内でことばを聞くことは、ことばの発達にとって必須ではないといえます。

▶2　言語の音の聞き分け

日本語ではLとRを区別しないので、日本語母語話者は聞き分けができないといわれます。しかし、調べてみると、生後半年くらいのときには、日本語環境で育つ子どもも、英語環境で育つ子どもと同じくらいよくこの2つの音を聞き分けられるのです。そのあと、生後12か月になるころまでの間に、英語環境で育つ子どもはますます敏感にLとRを聞き分けるようになります。それに対して、日本語環境で育つ子どもは、LとRをあまり敏感には聞き分けなくなっていきます（Kuhl et al., 2006）。

このようなことを聞くと、いまやLとRの聞き分けができない（のではないかと考え、それを残念に思っている）大人は、ゼロ歳後半のこの時期になんとかすることはできないかと考えるかもしれません。たとえば、乳児に外国語のオーディオを聞かせるとか、ビデオを見せるとか、あるいは、その外国語を話すお姉さんにあそんでもらうようにする、というのではどうでしょう。

ゼロ歳後半の乳児に実際にこれらの方法を試してみたクールらは、オーディオやビデオでは効果がなく、その言語を話すお姉さんに遊んでもらうようにした場合にだけ効果があることを見出しました（この研究では、赤ちゃんにオーディオを聞かせる時間も、ビデオを見せる時間も、お姉さんがあそんでくれる時間も、同じになるようにしてあります）。

母語であっても、テレビを見せておいただけでは、子どもはことばを覚えません。子どもは、自分の反応をよく見ながら話しかけてくれ、意味のある関わりをしてくれる人が話すことばだからこそ、必要な音の聞き分けも学ぶということなのです。

▶3 単語の聴き取り

　話すために子どもは、周囲の人の話す声（発話）の中に出てくる単語を聴き取らなければなりません。しかし、発話の音は切れ目なくつながってしまっています。子どもは、その中に出てくる、いつも同じ順序でつながって出てくる音のかたまり、つまり単語を自分で見つけなければならないのです。これも、ゼロ歳後半の時期に、急速にできるようになってきます。

　ゼロ歳後半といえば、母語で区別しない音の違いには敏感でなくなっていく時期でした（前項）。また、同じ単語が、男性の低い声で言われても、子どもの高い声で言われても、怒った調子で言われても、同じ単語（音）であることがわかるようになってくるのも、ゼロ歳後半のこの時期であることをシングらは見出しています。

　このように子どもは、12か月ごろまでには、ことばを聞くために本当に必要な音をきちんと聞くことができるようになります。つまり、自分の母語では区別しない音の違いは気にしなくなり、人によって話す声が違ったり、そのときによって話し方が違ったりしても、同じ単語は同じ単語として聴き取ることができるようになります。こうして、生後12か月ごろ、子どもは初めてのことば（**初語**）を話すのです。

2節　話すことの始まり

▶1　音声の発達

　話すためには、聞くことができるだけでなく、口や舌の動きをうまくコントロールして、音声を出すことができなければなりません。この“発声”という面からみても、話す準備がととのうのは、生後12か月ごろです。

　まず生まれたばかりの乳児は、まだ口内やのどの空間がとても狭い（図6-2）ため、全身に力を入れて絞りだすような声（**叫喚発声**）しか出せず、大人や年上の子どものように、リラックスした状態で声を響かせることはできません。

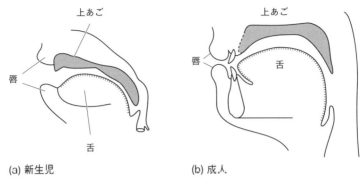

(a) 新生児　　　　　　　　　(b) 成人

図 6-2　新生児 (a) と成人 (b) の発声器官の構造（著者作成）

　それが、生後 2 〜 3 か月めになると、口の中の空間が広がってきて、のどの奥をならすような音声（**クーイング**）が出せるようになります。さらに、生後 4 〜 6 か月になれば、口の中の空間はいっそう広がり、子どもは、唇や舌をさまざまに動かして、実にさまざまな音声を出すことができるようになります。子どもが、1 人でいるときにも、いろいろな声を出していたりする様子は、まるで自分の声であそんでいるようにもみえます。それで、この時期は**声遊びの時期**とよばれます。

　もっとも、ことばを話すためには、単発でいろいろな音声が出せるだけでは十分ではありません。たとえば、この直前の文を声に出して読み、そのときの自分の口の動きに意識を集中してみてください。ことばを話すとき、私たちは、非常な速さで、違う音をつなげて発しています。

　乳児もやがて「アーアーアー」のように母音をつなげた声（**過渡期の喃語**）が出せるようになり、さらにもうしばらくすると、「ダアダアダア」のように子音と母音が組み合わさった音をくり返せるようになります（**規準喃語**）。ことばを話すということは、子音と母音が組み合わさった音を、非常な速さでつなげて発することですから、ここまできてやっと、ことばを発する準備がととのったといえるのです。

　実は、聴覚障害児も声は出すのですが、規準喃語への移行はなかなか起こらないことも報告されています。このようなところからも、音声発達の過程では、

子ども自身が、自分の声を聞きながら、声の出し方をコントロールする、そのような"練習"が重要な役割を果たしていることがわかります。

▶2　ことばの学習の基礎としての三項関係

　大人は子どもに単語の意味を教えようとして、たとえば、犬を**指さし**して「イヌだよ」と言うかもしれません。そして、このような場面で子どもが"イヌ"という単語を学ぶためには、①大人の発話の中の"イヌ"という音のかたまりを聴き取り、②それを大人が指さしている対象（犬）と結びつけることができなければなりません。

　つまり、ことばを学ぶために子どもは、話している相手だけでなく、相手が指さしている対象にも同時に注意を向ける必要があります。このように、相手と自分（子ども自身）と対象という３つの要素をつなぐ関係を**三項関係**とよびます（図6-3）。このとき、相手と子ども自身が同じ対象に注意を向けることができていることについては、「**共同注意**が成立している」といった言い方がなされます。

　三項関係の成立のためには、次の２つのことが必要です。まず、その人のことが大好きで、その人が何をするのか、何を考えているのかがとても気になる、というような関係を築くこと。つまり、**愛着（アタッチメント）**の形成です。

　そして、次に必要なのが、その人が注意を向けている対象を、その人の**視線**や指さしなどを手がかりに探しだせることです。

　愛着の形成についていえば、**分離不安**や**人見知り**がはっきりとみられるようになるのが生後8か月ごろです。そして、相手の視線をたどって、相手が注意を向けている対象を見つけることができ始めるのも、そのこ

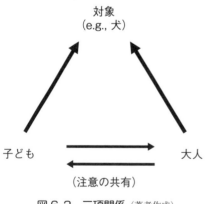

対象
(e.g., 犬)

子ども　　　　　　大人

（注意の共有）

図6-3　三項関係（著者作成）

ろです。

　それでも最初のころは、相手が注意を向けているものを探すのに、子どもは苦労します。たとえば、視線を追う場合にも、相手が見ている対象を（とくにそれが子どものうしろにあるような場合には）探しきれなかったりします。また、大人が指さししても、最初のころは、指さした先にあるモノを見てくれずに、指そのものを見ていたりします。

　このように、1歳前の子どもの三項関係づくりは、まだまだ不安定です。しかし、人人もたいていは、子どもが注意を向けているのとは違う対象をわざわざ指さししたりするよりは、子どもがすでに注目している対象について話しかけたりします。そのような大人の**足場かけ**に助けられながら、子どもは、聞いた単語とその意味を少しずつ覚え、自分でも使っていくようになるのです。

3節　話しことばの発達

▶1　語彙の獲得

　こうして、1歳の誕生日ごろに、子どもは初語を話します。初語は、以前から言うことのできた音声（たとえば、"マンマ"）が、はっきりと意味をもって使われるようになったり、あるいは、感動して眺めたモノの名前（ペットやモノの名前など）だったりすることが多いようです。

　図6-4には、子どもが話すことのできる単語（**産出語彙**）が、月齢とともにどのように増えていくかが示されています。図を見てわかるように、初語が出たあとも、話すことのできる単語の増え方は、比較的ゆっくりです。この"ゆっくりであること"の理由の1つは、どうやらこの時期の子どもは、一つひとつの単語の意味を学ぶのに時間がかかっているからということのようです。

　もう少し詳しくみてみましょう。図6-5は、ある子どもが、白い犬のぬいぐるみのことを「ニャンニャン」と呼んだあと、この単語をどのような対象を指すのに使っていったかが示されています。この子どもは、"ニャンニャン"を、犬だけでなく猫や熊、牛、さらには、白い毛糸や白い壁、黒い紐のふさにまで

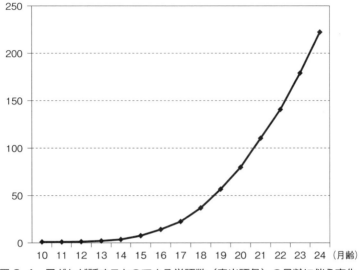

図 6-4　子どもが話すことのできる単語数（産出語彙）の月齢に伴う変化
（小椋・綿巻, 2004、綿巻・小椋, 2004 をもとに作成）

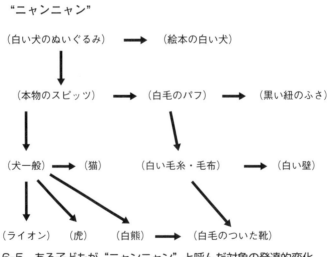

"ニャンニャン"

（白い犬のぬいぐるみ）　⟶　（絵本の白い犬）

（本物のスピッツ）　⟶　（白毛のパフ）　⟶　（黒い紐のふさ）

（犬一般）　⟶　（猫）　　（白い毛糸・毛布）　⟶　（白い壁）

（ライオン）　（虎）　（白熊）　⟶　（白毛のついた靴）

発達

図 6-5　ある子どもが "ニャンニャン" と呼んだ対象の発達的変化
（岡本, 1982 をもとに作成）

使うようになっていきました。

　この図 6-5 に示された"ニャンニャン"の使い方は、大人の基準からすれば、ひろげすぎ（**過拡張**）です。大人は、同じ単語で"モノの名前"と同時に"性質（白い、ふわっとしている、など）"を意味したりはしません。ほかに、このくらいの時期の子どもについては、窓から見た車しか「ブーブ」と呼ばなかった、というように、単語の使い方が限定されすぎな場合（**過限定**）もよく報告されます。このように、この時期の子どもは一つひとつの単語がどういう意味なのかについて、試行錯誤しています。一つひとつの単語を学習するのに時間がかかるわけです。

　このように最初は戸惑っていた子どもも、生後 20 か月を過ぎて、100 語くらい話せるようになるまでには、モノの名前（たとえば"クルマ"）は、そのモノが別の状況にあるとき（たとえば、車庫に入っているとき、道路を走っているときなど）にも使ってよいことや、同時にその性質（たとえば、青い、など）を表したりしないことも理解するようになります。こうして、単語の意味をつかむコツがわかると、単語学習のスピードは、最初のころのゆっくりペースから爆発的ともいえる勢いになります。この単語学習スピードの急激な上昇は**語彙爆発**とよばれます。

▶2　単語から文へ

　話し始めたばかりのころの子どもの話し方は、一度に 1 つの単語だけ言うといったものです（**一語発話**）。しかし、話せる単語が爆発的に増えはじめると、「ママ　アッチ」のような、単語と単語をつなげた発話（**二語発話**）も出てくるようになります。そして、子どもの話す文は、3 つ以上の単語をつなげたもの（**多語発話**）になっていきます。

　単語をつなげた発話も、初めのころにみられるのは、「ワンワン　イタ」のように一部の要素が抜けた**電文体発話**です。日本語環境で育つ子どもの場合には、「ワンワン　イタ」の場合のように、助詞が抜けた文がよくみられます。英語環境で育つ子どもでは、冠詞（'a', 'the' など）や前置詞（'in', 'on' など）の抜

けた発話（"Put it table" など）がみられます。

　しかし、そのうちに子どもの発話でも助詞は、必要なところでは省略されなくなり、「パパ　ノ　ボウシ」のように言えるようになります。ただ、このとき、「アオイ　ノ　コップ」のように、（大人はそのように言わないので）聞いたことのないはずの文を言ったりする子どももみられます。

　このようなことを言う子どものことばの発達の記録を調べてみると、初めは「アオイ　コップ」のように正しく言っていたのに、「ボク　ノ　ボウシ」のような言い方を覚えたあと、「アオイ　ノ　コップ」という発言をするようになっていたりします。

　おそらく、「ボク　ノ　ボウシ」のような言い方を知った子どもは、単語と単語をつなげるには"ノ"をはさまなければいけないと考えて、それ以前は正しく言えていた「アオイ　コップ」を、わざわざ「アオイ　ノ　コップ」にしてしまったのです。子どもは、聞いた単語のつながりをそのまま覚えてしゃべっているのではなく、単語と単語はどのようにつなげればよいのか、そのルールを自分なりに探している、そのためにこのようなことが起こるのだと考えられます。

　なお、この「アオイ　ノ　コップ」のような間違いですが、周りの人は、決してそのような言い方はしません。子どもはたいてい、しばらくするとそのことに気づいて、自分で自分の間違いをなおし、正しい文法を身につけていくようです。

　こうして、子どもは3歳ごろには、一通りの文を話すことができるようになるのです。

▶3　ことばの機能の発達

　子どもは周囲の人とのコミュニケーションを通じてことばを身につけていきます。しかし、大人にとってことばは、コミュニケーションの道具であるだけでなく、思考の道具でもあります。ヴィゴツキーは、コミュニケーションの道具としての言語を**外言**、思考の道具としての（声には出さずに頭の中で使われ

る）言語を**内言**とよんで区別し、まずコミュニケーションの道具（外言）として獲得されたことばは、やがて黙ったまま思考のために使うことができるよう（内言）になっていくと考えました。

ただし、内言の育ちがまだ十分でないとき、子どもは、積み木をどんなふうに組み合わせて何をつくろうか、など、自分の考えていることをブツブツと声に出してしまったりします。このように誰かに向かって何かを伝えようとしているわけでもないのに声に出てしまっている、そのような独り言は、外言から内言が育っていく過渡期の現象と考えられ、**集団的独語**とよばれます。

4節　書きことばの世界へ

▶1　文字の習得

子どもの周りで大人は、何かを書いたり、また、子どもに向かって絵本を読んでくれたりします。

このようにして文字の存在や役割に気づいた子どもは、自分でもそれを使ってみようとし始めます。たとえば、何度も読んでもらって内容を覚えてしまった絵本を自分でめくりながらお話ししてくれたりします。また、書くほうでも、自分で描いた絵の下に、名前や説明だと言ってクチャクチャしたかたまりを書きつらねたりするようになります。

字を読むフリということでいえば、筆者の観察したある4歳の男の子は、「ひとつたくさん」と書かれた絵本のタイトルを、文字1つひとつをたどりながら、「ね・こ・の・マ・イ・ケ・ル」と読んでくれました。その男の子がそのように読んだのは、おそらく、表紙に描かれた猫が、当時はやっていた漫画に出てくるマイケルという名前の猫にそっくりだったためです。このように子どもはまだ知らない文字でも、環境を手がかりに読もうとします。このやり方で、その男の子は絵本のタイトルを正しく読むことに（実は）失敗してしまいましたが、お菓子や店の名前であれば、このやり方でかなりうまくいきます。そんなこともきっかけになって子どもは文字の読み方を覚えていきます。

それにしても、「ひとつたくさん」の7文字を、「ねこのマイケル」と読むことができるということは、1つの文字が1つの音を表すというひらがなのルールを、その男の子はすでに知っていたということです。

　実は、まだ文字がまったく読めない子どもに、「ゆきだるま」と言いながら、音の数だけ積み木を置いてもらうと、積み木の数は「ゆき・だる・ま」のように3つになってしまったりします。しかし、大人は、"りんご"という単語が"リ"、"ン"、"ゴ"という3つの音からできていること、また、"りんご"の"リ"は、"リス"の"リ"と同じということもわかっています。このように自分が話していることばが、どういう音からできているか、といったことへの気づきを**音韻意識**といいます。自分がふだん話している単語をかな文字で書くということは、自分が話している単語はどのような音からできているかを意識する、ということです。したがって、子どもはかな文字を学ぼうとする中で、自分の話している単語がどういう音からできているかに意識を向けるようになり、そうして育った音韻意識がまたかな文字の学習を推し進めていくのだと考えられます。なお、しりとりや、かるたなどの遊びは、ことばがどのような音からできているかを子どもに意識させ、かな文字の学習を準備する活動となっているといえます。

▶2　一次的ことばから二次的ことばへ

　幼児期までの子どもたちが耳にし、また、参加してきた話しことばでのコミュニケーションとはたいてい、①"今ここ"のことについて、②目の前にいる親しい相手との間で、③双方向的なやりとりとして行われるものでした。このような場面では、ことばが足りなかったり、表現のしかたが十分でなかったりしても、相手は子どもが何を言いたかったのかを"今ここ"の状況に照らして補い理解してくれます。

　けれども、書きことばを使ったコミュニケーションではそういうわけにはいきません。作文の読み手となる人は、書き手と"今ここ"を共有しているわけではありません。書き手がどのような経験をしたか、何を考えているかも、

表 6-1　一次的ことばと二次的ことば（著者作成）

	一次的ことば （話しことば）	二次的ことば （話しことば・書きことば）
話題	今ここ	目の前にない
相手	親しい人 （子どもの生活をよく知っている）	先生、クラスの友だち （子どもが何を経験したか知らない）
コミュニケーションの方向	双方向	一方向
例	目の前の食べ物についての会話	クラスの友だちの前での発表や作文

（その文章を読む前には）知らないことのほうが多いのです。

　したがって、作文などの書き手は、そのような相手にも伝わるように、ことばを選び、文章を組み立てなければなりません。また、読み手になる場合には、書かれたことばだけを手がかりに書き手が何を考えているのかを推測し、理解しなければなりません。

　このように、書きことばでのコミュニケーションは、①表現すべき内容が目の前にないところで、②自分の語ろうとしている内容をよく理解してくれているわけでもない相手に、③一方向的に、伝えようとするものです。

　このような違いに注目した岡本夏木は、話しことば的コミュニケーションにおいて使われることばを "一次的ことば"、書きことば的コミュニケーションにおいて使われることばを "二次的ことば" とよんで区別しました（表 6-1）。

　園や学校で仲間に向かって自分が経験したことを語るといったことは、ことばの形式は話しことばですが、"今ここ" でないことについて、自分の語ろうとしていることをよくわかっているわけでもない相手に向かって、一方向的に語る、という意味では、"二次的ことば" です。園や学校に行くようになる前の子どもにとってコミュニケーションとは、その場の状況や、相手（とくに大人）の理解に支えられて、うまくいく、というものだったかもしれません。しかし、子どもの世界が広がりさまざまな人とやりとりするようになるにつれて、子どもは、今の状況や、自分のことをよくわかってくれている相手の支えなしに、相手に自分の考えを伝えることのできることば、つまり二次的ことばを、育んでいくことが必要になるのです。

外国語の学習

　2020 年度から、小学 5、6 年生の英語は教科になり、小学校 3、4 年生には新たに英語活動が導入されることになりました。できるだけ早くから触れて、できるだけ高いレベルでの獲得を目指すということだと思います。

　それに伴って、幼児を対象とした、英語のプリスクールも増えてきています。対象は 2 ～ 6 歳の子どもたちで、ネイティブの英語話者が子どもたちに関わることを特徴としている場合が多いようです。

　たしかに、生まれてすぐに学び始めた母語を子どもが身につけていく様子をみれば、もう 1 つ別の言語にも早いうちから触れさせておけば、その言語も子どもはネイティブ並みに身につけられるのではないか、と期待してしまうかもしれません。

　実際に、両親がそれぞれ異なる言語で話しかけて育てた場合、子どもは 2 つの言語を同時に身につけていくこともあります。しかし、その場合、子どもがそれぞれの言語で身につける語彙は、モノリンガルの子どもの半分ずつです（Sebastián-Gallés et al., 2009）。つまり、2 つの言語に同時に触れながら育つということは、それぞれの言語に触れる時間は、1 つの言語だけに触れて育つ場合の半分ずつです。そのような言語経験の量が、そのまま子どもの言語のレベルに現れるのです。

　また、家庭内とは異なる言語が話される地域に移り住み、子どもを現地の園や学校に入れた場合にも、ネイティブの同年齢の子どもと同じレベルの言語が使えるようになるまでには、3 年程度かかり（Dixon et al., 2012）、とくに、就学前の幼児ではそうなるのに小学生以上に時間がかかること（MacSwan & Pray, 2005）も報告されています。一方で、新しい言語が話される環境で生活するようになった場合に、年齢の低い子どもほど、最初に覚えた言語（母語）を忘れるのも速いのです（中島, 2016）。

　幼児期からの外国語学習は、以上のような問題と、実際の必要性、十分なケアが可能かどうかなども十分に考慮したうえで、取り組むかどうかを判断すべき問題といえるでしょう。

第 7 章 あそびの発達

　あそびは、乳幼児に欠かすことができない活動であり、ものや人に直接関わる具体的行為です。さまざまなあそびはものとの関わり、大人との関わり、仲間との関わりなどを経験する機会となります。

　あそびの発達は、対人関係やルール獲得、自己の認識、情緒の発達、ことばやコミュニケーションの発達と密接に関連しています。

　乳幼児期のあそびには、認知的側面と社会情動的・非認知的側面の両方が含まれます。ある事柄に取り組んだ、わかった、できたという事実や表面的な現象からだけで、あそびをとらえることは十分ではありません。あそびにおいては、子ども自身が「楽しい」「面白い」と感じたり、「もっとやりたい」「やり続けたい」などの気持ちをもったりすることが必要不可欠です。

1節　あそびとは何か

▶1　あそびについてのイメージ

　「**あそび**」ということばからどのようなあそびが思い浮かぶでしょうか。子どもが戸外をかけまわって鬼ごっこをしている、楽しそうにままごとをしている、夢中になって工作をつくっている、などさまざまなあそびを想像することができます。

　このように、あそびは私たちにとってとても身近なものであり、日常的にみられるものです。あそびは乳幼児期の子どもだけにみられるのではなく、小学生や中高生、また大人もあそびます。しかしながら乳幼児にとってのあそびの意味と、学齢期の子どもや大人にとってのそれは、同じではありません。学齢期になると、「授業時間」と「休み時間」が異なるものであるととらえられ、あそびは仕事と対立する事柄として位置づけられます。授業中に「あそんでいる」子どもが「あそんでいないで、勉強しなさい」と教師から注意されるのは、「あそび」と「学び」、「あそび」と「労働」が明確に区別されているからです。

　またあそびは、世界中でみられるものであり、文化人類学の研究のテーマの1つとなっています。たとえば、ある部族の子どもたちは大人が行っている狩猟や採集のまねをします。しかしながらこれは大人の労働とは異なるものです。また練習や訓練ではなく、生産にはつながるものではありません。

　さらに、あそびは人間に特有のものではありません。サルやウマ、イルカなども、ジャンプしたり木の枝を口にくわえて振り回したり、仲間と追いかけっこしたりするなど、あそぶことが知られています。このように生活に直結しない、生産に結びつかない活動をあそびととらえることが多くあります。

　また、そのあそびに取り組んでいるときに、「楽しい」「面白い」のような感情が生じています。今日のあそびの中で感じた楽しさを、明日、あるいは、1か月後にも同じように感じる、ということは少なく、あそびの楽しさは刻々と移り変わります。したがって、あそびをとらえるときには、あそびの種類や内

容だけでなく、あそびに取り組んでいる過程を丁寧にとらえることが重要です。

▶2　あそびの定義と特徴

　あそびについては、さまざまな研究者がその意義や役割、発達への影響など
を議論しており、さまざまな定義がなされています。

　あそびの研究者として著名なホイジンガは、「あそびの面白さ」があそびの
本質であると述べています。発達心理学者であるピアジェは、あそびを認知理
論の中に位置づけてとらえて、認知が能動的な活動によって発達するとしまし
た。それに対してヴィゴツキーは、「あそびを楽しさに基づく行動と定義する
のは正しくない」として日常よりも「頭一つ飛び出た」行為であると述べてい
ます。たんに認知発達に寄与するものというより、さらに影響を与えるもので
あり、子どもの抽象的概念の発達を促すものであるとしています。

　また、アンナ・フロイトの弟子の 1 人であるエリクソンは、あそびは過去・
現在・未来を演じるもので、ドラマあそびのように表現面での挑戦を実施する
遊戯性の機能を果たすものであり、個人の社会的心理的発達に影響を及ぼすと
しています。

　一方、社会学者のマーフィーは、あそびは生活を映し出すものであり、たと
えば貧困による経験のなさやあそび相手の貧困さが、子どものあそびの内容や
取り組みに影響していると述べています。言い換えれば、あそびが豊かである
ということは、生活が豊かであることの証となります。そして、子どもがさま
ざまな刺激に触れることで、子どものあそびは充実します。

　さらにメタコミュニケーション理論を提唱したベイトソンは、ストーリー
（文脈）をもつものとして**ごっこあそび**に着目し、子どもはあそびの世界を
"This is play"（「これはあそびである」）という枠組みとしてとらえていると述
べました。あそびは、その背景（環境）を含めたストーリーに基づいて連続的
に発展するものです。その一方であそびは、あらかじめ先の展開が決まってい
るものではなく、その瞬間瞬間で移り変わっていく即興的な特徴も有していま
す。さらにイメージや想像するだけのあそびもありますが、そのほとんどはあ

そんでいる子ども自身が身体を動かしたり、考えや思いをことばにしてほかの人とやりとりしたりする、心や身体を実際に動かして行う具体的な活動です。

▶3　乳幼児のあそび

　人間のあそび、なかでも乳幼児にとってのあそびは、それ自体を目的とした活動であるといえます。すなわち、乳幼児はあそびたいからあそぶのであって、ほかの目的のためにあそぶわけではありません。心理的機能という面からみたときに、あそびには次のような特徴があるとされています。①自由で自発的な活動、②面白さ・楽しさを追求する活動、③その活動自体が目的である活動、④あそび手の積極的な関わりの活動（熱中し、没頭する活動）、⑤他の日常性から分離され、隔絶された活動、⑥他の非あそび的な活動に対して、一定の系統的な関係を有する活動、であるといえます。

　あそびの経験は、子どもの社会的発達とも関連します。具体的には、あそびによって想像性や創造性等の発達が促され、それが、モラルやルールを理解し、守ることにつながったり、あそびの中では仲間と交渉する必要が生じるため、ことばで交渉するスキルの獲得が促されたりします。また、あそびは感情とも深い関わりがあり、「多様な可能性を楽しむ行為」「不確実性へのトレーニング」「新しい行動への挑戦を生み出すもの」であり、ポジティブな情報の生成とネガティブな情動の緩和に寄与するともいわれています。

　その一方で、あそびという形をとることによって現実ではなかなか困難なことを、子どもは我慢したり、乗り越えたりすることができます。

【事例　電話ごっこ】

　夕方の２歳児保育室は、午前中とは異なり、それぞれ、のんびりとした雰囲気の中で好きなあそびをしています。

　パズルでお友だちとあそんでいたＡちゃんが突然立ち上がり、棚に置いてある積み木を取って耳にあてました。

　「ママ、おむかえにくるよね。きてね。ガチャ！」

　そして何事もなかったかのように、お友だちのところに戻ってあそびました。

　この事例ではAちゃんはあそんでいたときに、突然母親を思い出したのでしょう。母親に会いたくなり、早く迎えに来てほしいと望んだのでしょう。しかし、直接保育者に訴えることはしないで、電話をかけるまねをすることで、気持ちを切りかえることができたと考えられます。
　子どもにとってあそびは楽しいだけではなく、自分と状況との関わりを変えるきっかけになります。

　なお、乳幼児期の子どもにとって、あそびは生活の一部です。あそびと生活、あそびと学びはとくに幼い時期には区別されていません。たとえば、食事場面における低年齢の幼児の行動には、食事中と食事前や後とでほとんど差がみられません。このことからわかるように、初めのうちは、子どもたち自身はあそび場面と食事などの生活場面を区別していません。しかし大人の関わりによって、しだいに食事と食事以外の活動を区別するようになります。

2節　あそびの種類

▶1　あそびの分類

　あそびは、さまざまな観点で分類されています（表7-1）。ビューラーは、あそびを、心理的機能の側面から①感覚あそび、②運動あそび、③模倣あそび、④構成あそび、⑤受容あそびの5つに分類しました。一方カイヨワは、あそびの内容によって①競技あそび、②偶然あそび、③模倣あそび、④眩暈あそびの4つに分類しました。ピアジェは知的発達の側面，主に認知の観点から、①機能あそび、②想像あそび、③ルールのあるあそびの3つを提唱しました。
　またパーテンは、あそびの形態から次のように分類しました。
①何もしていない行動（何もしないでぶらぶらしている）

表 7-1　さまざまな「あそび」の種類

(著者作成)

ビューラーの分類 (心理的機能面)	カイヨワの分類 (あそびの内容)	ピアジェの分類 (知的発達の視点)	パーテンの分類 (あそび方の観点)
感覚あそび (機能あそび)	競技あそび	機能あそび	何もしていない行動
運動あそび	偶然あそび	模倣あそび (ごっこあそび/ 想像あそび)	一人あそび
模倣あそび (想像あそび/ ごっこあそび)	模倣あそび	ルールのあるあそび	傍観あそび
構成あそび (象徴あそび)	眩暈あそび		平行あそび
受容あそび			連合あそび
			協同あそび

②一人あそび（単独であそぶ）

③傍観あそび（他の子どものあそびを見ているが関与しない）

④平行あそび（他の子どものそばで、同じあそびを展開するが互いに関わらない）

⑤連合あそび（他の子どもとおもちゃ等のやりとり等をしながらあそぶ）

⑥協同あそび（組織的あそび。共通の目的に向けて仲間関係を組織し、役割を作ってあそぶ）

　年齢発達に伴って「一人あそび」から「傍観あそび」へ、さらに仲間との関わりが深まって「平行あそび」「連合あそび」「協同あそび」へとあそび方が移行すると主張しました。しかし「一人あそび」は年齢が高くなってもみられることから、現在ではいくつかのあそびの種類が同時に出現すると考えられています。

▶2　あそびの発達

　乳児には、機嫌のよいときにクーイングや喃語など自発的な発声がみられます。また9か月ごろになると、母親など一緒にいて安心することのできる大人との間で応答性のあるやりとりのあそびを楽しみます。その中の代表的なあそ

びの1つは、大人が「イナイイナイ……」と言いながら顔を隠し、その後「バアー」と言いながら顔を出す「イナイイナイバアあそび」です。この「隠す－見せる」という一連の動作により子どもが目にする大人の表情が一瞬にして変化し、子どもに緊張と弛緩を生み出します。タイミングやリズムを意図的にずらすことによって、子どもは感覚的な楽しさを感じて大人にくり返し「イナイイナイバアあそび」を求めるようになります。まだ十分に自分で動くことができない乳児においても、自分から人に働きかけたり、人と関わりをもとうとしたりします。

　3か月未満児では、自分で姿勢を変えることができないので、見る、聞く、触る、なめることがこの時期に行う主な動きとなります。

　4〜6か月になると、寝返りができるようになり、うつぶせの姿勢でものと活発に関わるようになり、タオルや玩具などをつかんだり、たたいたり、引っ張ったり、振ったりするあそびがみられます。この時期の子どもはまだ、いくつかの限られた動作パターンしか身につけていないため、ものの形や重さ、性質などの特性に合わせてものを扱えるわけではありません。おすわりやつかまり立ちができる7〜9か月になると手が自由に使えるようになり、しだいに手や指の細かな操作ができるようになります。ものを持ち換えたり、落としたり、引っ張り出したり、なめたりなどの行動をくり返してあそびます。

　10〜12か月ごろにははいはいができるようになり、ものや玩具に自ら接近できるようになって活動範囲が広がります。さらにつたい歩きや歩行ができるようになると、視点が高くなって視野が広くなり、さらに活発に動いてあそぶようになります。また手先が器用になって、見たものを指でつまんだり、ひっくり返したりと調べるように扱ったり、スプーンを口の中に運んだり、コップから飲んだりするなど、ものの形状や大きさ、材質等に合わせて適切に扱い始めて、関わりが多様になります。ものを触ったり、動かしてみたり、見たものを確実につかんだりすることができるようになります。さらに手指を自由自在に動かして、ものを打ち合わせて音を出すなど、ものとものを組み合わせて操作する、1つのものをいくつかの動作の組み合わせで動かすといったこともで

きるようになります。

このように、自分が意図した通りにものを扱ったり操作したりできるようになると、その行為の結果を楽しむ（**感覚運動的あそび**）ようになります。そして「自分がこうしたらこうなった」という効力感をもったり、「こんなことをしたらどうなるんだろう」という好奇心を発揮したりしてあそぶようになります。

▶3　さまざまなあそび

乳幼児期の子どもはものを使ったあそび、人とのあそび、ものと人を組み合わせたあそびなど、さまざまなあそびに取り組みます。その中から、代表的なあそびについて取り上げます。

a　模倣あそび・ふりあそび・ごっこあそび　ふりあそびや、ふりあそびよりも内容が構造化され、ストーリー性のある**ごっこあそび**は、「見立てること」「想像すること」を楽しむあそびです。空のカップにまるで飲み物が入っているかのようにスプーンでかきまぜるふりをしたり、お店屋さんごっこでは店員のようにふるまったり、お客さんのように話したりするなど、ものや人を別のものや人に見立てて「**ふり**」をします。

あそびでは、本物が用いられることもありますが、目の前にないものがあたかもそこにあるかのようにふるまったり、あるものをほかのものに代用して扱ったりするといった「**見立て**」が多く行われます。目の前にあるものと、目の前にはない本物の形態や機能が異なることを認識したうえで、本来とは違う使い方をします。

子どもはさまざまなものと関わる経験を重ねることによって、ものをどのように扱えばよいのか、というものに関連した行為についての**イメージ**を心の中につくり上げます。このイメージが確立されると、実物が目の前に存在しなくても、そのものがあるかのように扱ったり、ふるまったりすることができます。

高橋は、4〜8歳の子どもに実物とは形態と機能が異なる4段階の対象物（図7-1）を見せ、「遊ぶ時にこれを〇〇（例えば、人形）として使って遊べます

か？」と質問し、あわせてその理由を尋ねました。その結果、類似性の高い対象物はあまり似ていないものより使用できるという回答が多く、また年齢が高いほどその回答率は高くなりました。たとえば8歳児では人形としてあそぶことができる理由として、「布や紙で顔をつける」「ビン人形を作る」「逆さにして立てる」など、低年齢の子どもよりもさまざまな回答がありました。

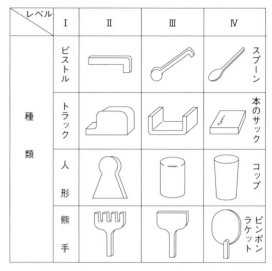

図 7-1 類似性レベルの異なる見立てに使った刺激物
（高橋ら，1972）

発達に伴ってイメージが豊かになり、またそれまでに得た経験や知識からさまざまな工夫をしてあそぶことができるようになります。

　「ままごとごっこ」では、母親のような声色での話し方や、行動をする人の見立てもあります。現実では大切にしているおもちゃを友だちになかなか貸すことができない子どもでも、お母さん役になったときには赤ちゃん役の子どもにおもちゃを貸すことができます。このようなごっこあそびは**「社会的ふりあそび」**とよばれます。あそびの文脈においては、現実場面では行うことができない行動をしたり、実際には体験していないにもかかわらず、演じている役の人物の気持ちになったりすることができます。この社会的ふりあそびと他者の感情についての理解（**感情的視点取得**）との間には関連がみられます。

　「見立て」や「ふり」という行為を含んだごっこあそびは、主に幼児期後半から児童前期をピークとして行われ、それ以降は行われなくなることから、幼児期における認知や言語、社会性などさまざまな側面の心の発達と関連していると考えられています。

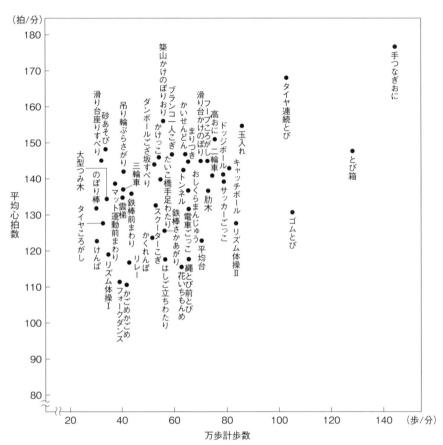

図 7-2　各種運動あそびの平均心拍数と万歩計歩数との関係
(小林寛道, 1990)

b　身体を動かすあそび（運動あそび）　乳幼児期の子どもは活発であり、本来群れてあそぶものです。しかし、少子化や地域の過疎化が進み、テレビやゲーム、IT の普及など子どもを取り巻く環境が変わるとともに、子どもたちが戸外であそぶことが当たり前とはいえないようになってきました。WHO（2019）は、5 歳未満の子どもの運動などの身体を動かす活動に関するガイドラインを提唱しました。日本においても、幼児期における運動のあり方についての「幼児期運動指針」が策定されました。

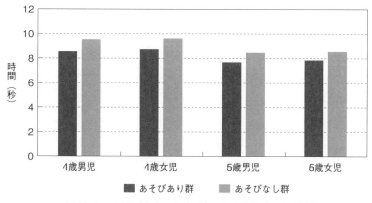

図 7-3 あそびあり／なし群ごとの往復走の平均値
（松嵜洋子ら，2011 をもとに作成）

　身体の成長が著しく、さまざまな動作を習得し、そのレパートリーを増やす段階にある幼児期には、訓練やトレーニング、特定のスポーツを行うよりも、身体を動かすさまざまなあそびに取り組むのが望ましいとされています。図7-2 は、身体を動かすあそびを、活動の運動量（歩数）と運動強度（心拍数）で表したものです。オニとコが互いに捕まえたり逃げたりする「手つなぎおに」は、運動量が多く運動強度も大きくなっています。

　しかし滑り台を一気に滑り降りる「滑り台座りすべり」は、運動強度が中くらいで、運動量は小さいあそびです。一方、「かくれんぼ」は、運動強度は小さく運動量は中くらいのあそびです。このように運動量、運動強度はあそびによって違いますが、それは含まれている動きの種類が異なるからです。4、5歳児を対象とした研究では、ボールあそびやマットあそび、おにごっこあそびなどのさまざまなあそびに意識的に取り組んだあそびあり群の子どものほうが、あそびなし群の子どもよりも往復走のタイムが速く、運動能力が高いことが見出されています（図7-3）。

　また子どもは、高いところから飛び降りたり、速く走ったり、ボールを遠くまで投げたりすることに挑戦します。あそびのイメージを使って「『高い山』によじ登る」「『幅の広い川』を渡る」ことに夢中になります。このようにさま

ざまなあそびに挑戦する意欲をもち没頭することで、あそびの経験が積み重なっていきます。その経験によって、さらにさまざまな動きが獲得され（**動きの多様性**）、動きが巧みになってスムーズになります（**動きの洗練化**）。

このようなプロセスを経て自在に身体を動かすことができるようになると、「しっぽとり」や「ドロケイ」のように友だちと競争したり協力したりするような集団で取り組むあそびへと発展します。また、身体だけを用いるのではなく、ドッジボールのようにものの操作を伴う集団あそびも楽しむようになります。ルールを守り、チームが勝つための工夫や作戦を考えるようになります。これらは、社会的スキルとも密接な関連があるとともに、子どもの自己肯定感や自尊心などにも大きな影響を与えます。

c　ルールのあるあそび　4〜5歳になると、小集団で一緒に取り組んだり、チーム対抗して競ったりする**ルールのあるあそび**を好むようになります。ルールに基づいてあそんだ結果、勝ち負けがついたり、役割の交替が起こったりするあそびです。ルールのあるあそびは次の4種類に分類することができます。

（A）かけごと型……すごろく、トランプ、じゃんけんなど

（B）競技型……石けり、けん玉、ビー玉、メンコなど

（C）スポーツ型……野球、ドッジボールなど

（D）役割交替型……しっぽとり、ドロケイなど

これらのあそびは、場所（室内、戸外）やものの使用の有無は異なるものの、いずれも一定の決まったルールに基づくため、ルール理解があそびの前提になります。そのため、低年齢児では、最初は「見つける－見つかる」という規則に基づいたかくれんぼなど、ルールが単純で明白なあそびを経験することにより、まずルールがあることを理解します。しだいに一度捕まっても仲間にタッチされると復活することができる助けオニのような、役割交替を含む複雑なルールのあそびを好むようになります。さらに年齢が高くなると、ルールや規則を意識し理解して守るだけでなく、参加人数に合わせてオニの数を変えるなど、子どもたち自身で状況に合わせてルールを変更したり、新たなルールをつくったりすることもできるようになります。

3節　あそびにおける仲間関係

▶1　乳幼児期における仲間関係

　仲間関係は、「年齢の近い子ども同士が互いに関心をもち、ともに行動したりあそんだりすることを通して形成される社会的関係」と定義することができます。

　ブロンフェンブレンナーによると、乳幼児期には親子関係が生活体験のほとんどを占めます。そして年齢が高くなるにつれてより多く・より高次のシステムへと移行して広範な世界の中でさまざまな種類の人と関わるようになります。

　乳幼児期に友だちと出会い、一緒にあそぶことによって、子どもは、それまでの家族関係を中心とする世界とは異なる新たな社会と関わることになります。乳児においてはまだ仲間と直接関わってあそぶことはできませんが、7〜9か月ごろになると、互いに見つめ合ったり相手が持っているおもちゃに手をのばしたりする行動がみられ、仲間に関心をもつようになります。

　子どもにとって同年齢あるいは年齢の近い仲間は、能力や経験、興味や関心など共通点が多く、共感や協調し合うことができる存在です。いざこざやけんかも起こりますが、互いの主張がぶつかり合う中で、違いを認め合いながらともに過ごすことによって、相互作用する経験を積み重ねていきます。

▶2　あそびにおける仲間関係

　仲間関係については、個の発達と集団としての発達の両方を考える必要があります。

　幼稚園に入園した子どもは、安定した仲間関係を入園後1か月半から3か月で形成し、その後もその仲間関係は持続します。また、幼稚園に入園した子どもが、1か月後に仲間から一緒に「あそびたい」と思われるか「あそびたくない」と思われるかを子どもに尋ねたところ、入園初期の行動が子どもの判断に

影響していました。一緒にあそびたいと指名された子ども（地位の高い子ども）は、入園初期に1人だけであそぶことが少なく、ほかの子どもに対して肯定的・友好的な働きかけを多くしており、ほかの子どもたちからも肯定的・友好的な働きかけを受けていました。他方、一緒にあそびたくないと指名された子ども（地位の低い子ども）は、1人であそぶ行動が多くみられました。ネガティブな行動を示す子どもは、入園直後ではなく2、3か月後になって仲間から低い評価を受けていました。子どもの行動特徴や集団内でのふるまいが、仲間関係に関連します。

　仲間とのあそびでは、**いざこざ（けんか）** もしばしば起こります。3歳児の園でのあそびにおけるいざこざの原因は、「もの・場所の占有」や「不快な働きかけ」が多く、後半になるにつれて「ルール違反」「イメージのずれ」が増えていました。あそびの中で仲間の思いや考えと自分の意志や気持ちがぶつかるいざこざをきっかけとして、子どもは自分と異なる存在である仲間を意識するようになります。仲間という存在があることによってあそびが広がり、発展していきます。

▶3　仲間関係における行動

　あそびの中では、同じしぐさや行為をしたり、あそびとは直接関連しないふざけをしたりするなど、さまざまな行動がみられます。

　幼児が相手と同じ動きをすることや、同じものを持つこと、同じ発話をする行動は「**同型的行動**」もしくは「**同調的行動**」とよばれます。このような行動は、幼児期のあそび場面では頻繁にみられます。これは仲間関係の成立、確認、維持に貢献するとともに、相手のイメージを理解して共有することによって、あそびが維持し、展開や発展します。

　また、子どもたちの間ではふざけ行動もみられます。この「**ふざけ**」は、遊戯性と攻撃性という、対極にある特徴をあわせもつ行動であり、仲間間の関係性やあそびの文脈によって、どちらか一方の機能が強くなります。没頭・集中するあそびの中では、ふざけ行動はあそびの中で高まった緊張を弛緩させたり

発散させたりする働きをもちます。ふざけ行動をとることによって子どもたち
は、緊迫した状況を緩和したり、気分転換をしたりして、仲間との関わりを調
整し、再びあそびに集中するようになります。

　このように、あそびの中で子どもたちはさまざまな行動を通して、他者との
関係を深めていきます。仲間という他者への意識が、競争や協調しながら能力
を伸ばすことにつながり、また、自分自身についての新たな発見をもたらし、
自己理解を深めることにつながるのです。

幼保小連携・接続——スタートカリキュラム

　子どもたちは小学校に入学すると、それまでの幼稚園や保育所、認定こども園等でのあそびを中心とした生活から、授業時間と休み時間が明確に区切られ、時間割のある教科中心の生活へと、環境が大きく変化します。しかし子どもの発達や学びは連続しており、すぐには新しい環境に慣れることはできません。園と学校の環境の違いに戸惑ったり、時には不適応行動を示したりすることがあります。

　そのため、園と小学校の移行を円滑にして、一人ひとりの子どものよさや多様性を認め、子どもが互いに影響を及ぼしながら育ち合う教育環境を保証することが求められます。そのため、入学直後から幼児期の学びと育ちを生かして発揮し、主体的に学ぶために、幼保小の連携や接続の取り組みがなされてきました。園では、個々の発達状況を理解して、子どもが好奇心や探求心を発揮することや、問題解決を見出したり解決したりすること、豊かな感性を発揮することなど「幼児期の終わりまでに育ってほしい姿」を意識した保育が行われています。子どもは自らの思いを表現したり、仲間と話し合ったり、一緒に工夫して取り組んだりするなど、共同してあそぶ経験を積み重ねています。

　さらに小学校入学後は、生活科を中心とした「スタートカリキュラム」が実施されています。複数の教科で構成される合科的指導や、それぞれの教科内容が関連する関連的指導、活動性のある学習活動などの工夫がされています。子ども自身が関わりながら総合的に学ぶ児童期の発達特性を踏まえ、安心できる環境のもとで先生や友だちと関わることによって、自分で考えて判断し、行動するという自立を目指しています。

　入学直後は、「一緒に過ごしたい友だち」として同じ園の出身者を挙げる子どもが多いですが、6月以降になると他園出身者を選択する子どもの割合が多くなりました。子どもたちの多くが、1学期の終わりごろまでには新たな人間関係を構築するようです。

第 **8** 章 向社会性の発達

　向社会性（こうしゃかいせい）と聞いて、即座にその意味を答えられる人は少ないことでしょう。主に心理学の領域で使われている専門用語だからです。向社会性とは、他者や集団、社会にとってよい行動をする傾向のことであり、道徳性とも関連が深いものです。

　私たちは、保育所や幼稚園、学校やクラブ・サークル、地域や職場など、さまざまな社会集団に所属しながら、成長していきます。お互いに気持ちよく過ごし、信頼し合える関係を築き、社会の安定や発展を図っていくためにも、一人ひとりの向社会性と、それに基づく社会的相互作用が重要になってくるといえるでしょう。本章では、向社会性と道徳性の発達をめぐる研究を概観し、子どもへの接し方のポイントを解説していきます。

1節　向社会性とは

▶1　向社会性

　向社会性とは、他者のためになるよう意図された行動（向社会的行動）をとる傾向のことを指しています。具体的には、助ける、分け合う、慰める、協力する、寄付をする、ボランティアをするといった行動が、**向社会的行動**（prosocial behavior）とよばれています。これらは「思いやりのある行動」といってよいでしょう。向社会的行動は、一般に、他者への気遣いから生じると考えられていますが、社会的承認などの自己利益のためになされることもあります。向社会的行動のうち、何の見返りも求めずになされる行動のことを、とくに**愛他行動**（altruistic behavior）とよんでいます。

　向社会的行動には、上記にあげた行動のほか、集団や社会全体のためになるような行動も含まれます。たとえば、社会のルールやマナーを守る、環境に配慮した行動をとる、社会的弱者のために活動するなどです。向社会的行動の反対語が**反社会的行動**（antisocial behavior）であることを考えると、わかりやすいかもしれません。

　攻撃行動などの反社会的行動は、非行や犯罪との結びつきが強く、社会に与える影響が大きいことから、古くから研究者の関心を集めてきました。一方、向社会性や道徳性に関心が向けられるようになったのは、比較的新しく、1970年代以降のことです。向社会的行動は、測定や評価が難しいという問題を抱えていましたが、今世紀に入ってから、さまざまな研究手法が試みられるようになり、飛躍的に進展を遂げました。とくに、乳幼児の向社会性や道徳性に対する見方は大きく変わったといってよいでしょう。これらの研究成果については、本章2節で詳述します。

　研究が進んだ背景には、1990年代に台頭した心理学の新しい潮流が関係しています。すなわち、人間の行動を進化的適応の産物とみなして研究を行う進化心理学や、人間の否定的な側面よりも肯定的な側面に焦点を当てるポジティ

ブ心理学の存在が、向社会性の研究を後押ししてきたといえます。

▶2 道徳性

　向社会性に近い概念として、**道徳性**をあげることができます。道徳性とは、内面化された善悪の判断基準やそれに即した行動と定義できるでしょう。心理学における先駆的な研究は、認知発達段階（2章参照）で知られるピアジェによってなされています。ピアジェは、道徳性とはルールの体系であり、個人がそれらをどれほど尊重するかによって現わされると考えました。具体的には、あそびやゲームのルールに対する考え方を通して、子どもの道徳性が、他律性（大人の指示や権威に従うこと）から自律性（自分たちで話し合ってルールを決めたり、変えたりすること）へと進むことを明らかにしました。さらに、道徳的判断の基準も、幼児期は行為の結果（被害の大きさなど）に着目しやすいのに対し、児童期の後半になると行為者の意図や動機（悪気があったかなかったかなど）を重視する段階に移行すると考えました。

　ピアジェの理論を引き継いで発展させたのが、コールバーグです。道徳的なジレンマに陥り、結果的に反社会的な行為（たとえば、盗み）をしてしまった主人公の物語を聞かせ、それに対する回答から、道徳的判断が表8-1のような3水準・6段階をたどることを示しました。水準Ⅰの「前慣習的道徳性」では、主に主観的な感情に基づいて善悪の判断がなされます。水準Ⅱの「慣習的道徳性」では、周りの人の考えやみなで決めた決まりなどが、判断のよりどころとなります。水準Ⅲの「後慣習的道徳性」では、個人の中に確立された客観的かつ普遍的な原理に基づいて判断されるということです。他律性から自律性への発達的変化のプロセスが、より詳しくとらえられていますが、この理論は児童期や青年期の発達を主眼としており、幼児期の道徳性については十分検討されていません。認知発達に力点を置くピアジェやコールバーグの理論では、幼児は**自己中心性**に縛られ、論理的思考ができないため（2章参照）、公正な道徳的判断は難しいと考えられていたようです。

　しかし、その後の研究によって、乳児にもすでに道徳性の兆しがみられるこ

表8-1　コールバーグによる道徳性の発達段階

(ノーレン-ホークセマら, 2015 を一部改変)

水準Ⅰ	前慣習的道徳性
段階1	罰への志向（罰を避けるために規則に従う）
段階2	報酬への志向（報酬を得るために、相手からの好意を得るために、規則に従う）
水準Ⅱ	**慣習的道徳性**
段階3	よい子への志向（他者から非難されないために規則に従う）
段階4	権威への志向（権威から非難されないために、また「与えられた義務を遂行」しないことで罪の意識をもたないために、法律や社会的規則を支持する）
水準Ⅲ	**後慣習的道徳性**
段階5	社会的契約への志向（原理原則に従った行為は、一般に公共の福祉に適合するものとして受け入れられる。原理は仲間からの敬意、つまり自尊心を維持するために支持される）
段階6	倫理的原理への志向（自ら選択した倫理的原理に従って行動する。それはたいていの場合、正義、気品、平等の価値を有する原理である。また自己否定を避けるためにその原理を支持する）

とや、幼児がつねに他律的・利己的な判断をしているわけではないことが示されるようになりました。また、大人であってもつねに理性的な判断をしているとは限らず、しばしば直観的な道徳的判断をすることや、利他的なふるまいが大人にも子どもにも喜びをもたらすことなども見出されています。第1章で触れたように、道徳性や向社会性の発達においても、未熟から成熟へという一方向的なモデルが当てはまらなくなってきたといえるでしょう。

2節　向社会性の発達

▶1　乳児期の発達

　幼い子どもは善悪の判断基準をもたないため、何がよくて何が悪いのかを大人が教えていかなくてはならない──そう思っている人は多いのではないでしょうか？　たしかに赤ちゃんは何でも口に入れたり、触ったりしてしまいますし、幼児も散らかしたり、うそをついたり、けんかをしたりするのは日常茶飯事です。しかし、基本的な行動に関する善悪の判断は、かなり早期からできているようです。

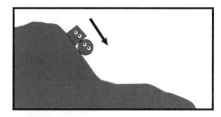

図8-1　援助するブロックと妨害するブロック
(Hamlin et al., 2007 をもとに作成)

　その先駆けとなった研究を紹介しましょう。対象となったのは、6か月と10か月の乳児です。まず、図8-1に示すようなブロックによるアニメーションを通して、丘をのぼろうとする主人公が下から押し上げてもらったり、上から妨害されたりする場面を乳児に見せます。その後、助けてくれたブロックと妨害したブロックの実物を提示すると、いずれの月齢の乳児も助けてくれたブロックのほうに手を伸ばしたということです。乳児は話すことはできませんが、生後半年ごろから興味のある対象に手を伸ばす（リーチングする）ことができます。この研究ではそのリーチング能力を活用して、乳児にも原初的な道徳性があり、向社会性への志向性があることを示したわけです。

　5か月と8か月の乳児を対象にした別の実験では、まず、玩具の箱を開けられなくて困っている人を人形が助ける、もしくは妨害する場面を見せます。次に、助けた人形と妨害した人形が、それぞれ別の人形から好意的（落としたボールを拾ってもらう）、もしくは非好意的に扱われる（落としたボールを持ち去られてしまう）場面を見せます。その後、ボールを拾った人形と持ち去った人形を提示すると、8か月の乳児は、援助した人形を見た群では好意的な扱いをする人形のほうを好むのに対して、妨害した人形を見た群では非好意的な扱いをする人形のほうを好んだということです。5か月の乳児にはこうした区別は見られず、いずれの場合も好意的な扱いをする人形のほうに手を伸ばしていました。

　これらの結果は、生後半年ごろまでは単純に向社会的な人物を好むものの、8か月ごろになるとよい人物には報酬を、悪い人物には罰を期待していること

を示唆しています。簡単な善悪の判断だけでなく、公正さや正義の感覚も早期から発達する可能性があるといえるでしょう。

▶2　幼児期の発達

　1歳半から2歳になると、幼児自身が向社会的行動をとることも確認されています。たとえば、泣いている他児を慰めたり、親がする簡単な家事（掃除や食卓の準備など）を手伝ったりします。さらに、見知らぬ大人にも援助行動を起こすことが示されています。ある実験では、大人がものを落としたり、積み上げた本が滑り落ちたりする様子を見せると、1歳半の子どもは自発的に手助けをしたということです。1歳10か月の幼児を対象とした別の実験では、大人から玩具をもらう条件よりも、他児に玩具をあげる条件において、子どもはより強い喜びを示していました。いずれも限定された場面ではありますが、2歳になる前から、他者の行動の意図を理解し、自発的に、時に喜んで利他的な行動をとる傾向があるといえるでしょう。

　しかしながら、日ごろから子どもが利他的にふるまうかというと、必ずしもそうではありません（これは大人も同じでしょう）。1歳後半には自己意識が芽生え、「これは自分のもの」という所有意識が生まれてきます。自己主張も強くなり、自らの意思や欲求を通そうとするため、2歳から3歳にかけて、仲間とものを取り合ったり、けんかをしたりすることが増えてきます。その一方で、徐々に規範意識やルールの獲得が進み、自己抑制や言語による相互理解が可能になってくると、譲り合ったり、より年少の子どもに配慮したりすることもできるようになっていきます。

　2、3歳以降の幼児の向社会性や道徳性を調べる方法として、**分配行動**がしばしば使われています。いろいろな条件のもとで、幼児にお菓子やシール、玩具などを分配してもらい、利己的か利他的か、相手や状況を考慮するか否かが検討されます。このとき、分配者である幼児が被分配者でもある場合（当事者条件）と、第三者として分配だけをする場合（第三者条件）があります。それぞれについてみていきましょう。

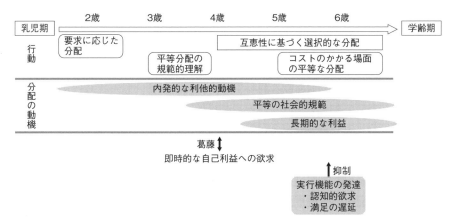

図 8-2　幼児期の分配行動発達
（熊本, 2016 をもとに作成）

　まず、当事者条件の場合、3 〜 5 歳ごろの幼児は概して自己利益を優先する傾向があるといわれています。たとえば、単純に 2 人で分ける場合は、自分に多く分配したり、自分より相手のほうが貢献した場合であっても、自分と相手の取り分を同じにするといった行動がみられます。4 歳ごろになると、相手が仲のよい友だちであればより多く分配するなど、関係に応じて取り分を調整するようになります。5 歳ごろになると、相手との関係だけでなく、自分が他者からどう見えるかを意識して、より相手に配慮した分配を行うようになるということです。

　次に、第三者条件の場合、自分が含まれないので利己的な傾向はなくなり、「みんな同じがいい」という平等規範に根ざした分配が多くみられます。平等分配への志向性は幼児期から児童期にかけて強くみられるものの、当事者条件と同様に、4 歳前後から、状況や関係に応じた分配行動がとられるようになっていきます。たとえば、顔見知りの人、困っている人、たくさん貢献した人、自分や友だちに親切にしてくれた人により多く分配する傾向が出てきます。

　こうした幼児期の分配行動を整理したものが、図 8-2 になります。利他と利己の間を揺れ動きながら、誰にでも平等という段階を経て、相手との互恵的な関係（次項参照）を考慮に入れた選択的な分配行動をとるようになっていくと

いえるでしょう。

　なお、実験場面での行動には個人差もみられ、他者に多く分配する子どもも
いれば、あまり分配しない子どももいるということです。このような個人差は、
親や保育者による自然場面での観察結果ともある程度一致しており、子どもの
向社会性には、場面を超えた安定性があることが示されています。

▶3　向社会性のメカニズム

　これまでみてきたように、発達のごく早期から、人は向社会的に判断したり、
行動したりする傾向があります。このことは、進化生物学的観点から、**互恵性**
（reciprocity）という概念を用いて説明されています。人は他者によいことをす
ると、その人からお返しをしてもらえる可能性があります（大学生であれば、
講義ノートの貸し借りなどが当てはまるでしょう）。これを**直接的互恵性**といいま
す。一方、よく知らない相手に対しても利他的にふるまっておくと、自分の評
判が高まり、結果的にほかのメンバーからよくしてもらえる可能性が高まりま
す。これを**間接的互恵性**といいます。反対に、利己的な行為やルール違反をく
り返していると、社会的に制裁される可能性が高まってしまいます。

　また、自分が向社会的な行動をとったとしても、相手がお返しをしてくれな
いこともあるため、誰と協力すべきなのかを見極める必要も出てきます。その
ため、幼いころから、他者の行動に敏感に反応する傾向を備えていると考えら
れています。こうした適応戦略は、人間に限らず、集団で生きるほかの動物
（チンパンジーやイヌなど）にも共通してみられるということです。互恵性に基
づいて協力的なネットワークを構築することが、種としての生存や繁栄を有利
にしたとみなされています。

　こうした進化生物学的基盤をもつ一方で、向社会的行動の発達には、大人に
よる養育や生後の経験も重要な役割を果たしていることがわかっています。幼
児は客観的に物事をみたり、複数の視点を考慮に入れたりすることが苦手です
し、自分の欲求のままに行動してしまうこともしばしばあります。次節で触れ
るように、向社会性の基盤となっている共感は、養育者との情緒的な相互作用

に基づいて発達することが示されています。さらに、実社会では、必ずしも道徳的とはいえない行動を見聞きしたり、経験したりすることもあるでしょう。親や保育者は、子どもに備わった道徳性や向社会性を損なうことなく、より複雑な文脈においても対処できるよう、子どもを支援していく必要があります。

3節　向社会性に影響する要因

　向社会性の発達には、さまざまな要因が関連しています。これまでのところ、共感や罪悪感といった感情面の発達、心の理論や実行機能といった認知面の発達が関連していることがわかっています。また、先述したように、進化生物学的基盤もありますし、しつけや教育などの社会化、さらには文化の影響も指摘されています。ここでは、共感と社会化、文化の影響について取り上げます。

▶1　共感
　共感は、他者の感情を理解したり、他者と感情を共有したりすることを指しています。子育てや保育をするうえでも、子どもの気持ちに共感することの重要性を疑う人はいないでしょう。この共感は、道徳性や向社会性と正の関連があり、攻撃性とは負の関連があることが示されています。ただし、共感と一口にいっても、複数の側面があり、すべての側面が向社会性と関連しているわけではなさそうです。

a　情動的共感
　共感は、**情動的共感**と認知的共感に分けて考えられています。前者の情動的共感は、さらに**個人的苦痛**と**共感的配慮**に分けられています。個人的苦痛とは、他者が苦しんでいるのを見て、自分もつらくなったり、動揺したりする傾向のことを指しています。新生児でも、**情動伝染**といって、1人が泣くとほかの子どももつられて泣き出す現象がみられます。

　これに対し、共感的配慮は、苦しんでいる他者を気にかけたり、同情したりすることを指しています。個人的苦痛に比べ、より他者志向的な感情であり、

いわゆるやさしさや思いやりに近い概念といってよいでしょう。共感的配慮は、養育者との相互作用を通して、1歳半ごろから発達するというのが従来の見方でしたが、最近の研究ではすでに8か月や10か月の乳児においてもみられることがわかっています。さらに、10か月のときの共感的配慮は、1歳になったときの向社会的行動を予測したということです。

上述の結果にも示されているように、道徳的判断や向社会性に関係しているのは、個人的苦痛ではなく、共感的配慮のほうだということです。すなわち、相手の苦しみを感じ取るだけでなく、相手を気にかけ、その苦しみを減らしたいと思う気持ちが、向社会的な行動につながっていくようです。実際、3歳児と5歳児を対象とした実験でも、相手が（飼い犬が迷子になって）苦しんでいることを事前に知らされた子どもは、その後、向社会的行動をとる傾向が強くなっていました。そして、向社会的行動は、子どもが感じた個人的苦痛とは関連せず、共感的配慮の程度と関連していたということです。

b　認知的共感

認知的共感としては、**視点取得**と**想像性**（ファンタジー）が挙げられています。視点取得は、相手の立場に立って、その人の考えや気持ちを推し測る能力であり、想像性（ファンタジー）は、フィクションの登場人物に感情移入する傾向を指しています。これらのうち、視点取得は上述した共感的配慮を促すことが知られ、児童期に大きく発達すると考えられています。

一般に、幼児期から児童期にかけて視点取得が可能になるにつれ、共感的配慮が高まり、向社会的行動が生じやすくなると考えられています。ただし、相手の気持ちがわかるようになれば、必ず向社会的行動をとるとは言いきれません。仲間はずれや無視といった関係性攻撃を行う子どもは、概して社会的スキルが高く、相手の苦しみがわかったうえで攻撃しているということです。共感的配慮や向社会的行動の発達には、やはり大人の仲立ちや支援が必要だと言えるでしょう。

▶2 社会化

社会化とは、所属する集団のメンバーとして必要な規範や価値体系、行動様式を身につけていくことです。子どもの場合、家庭でのしつけを中心に、仲間との相互作用や保育施設での学び等を通して、少しずつ社会規範を学んでいきます。

a しつけ

本章2節で見たように、他者に対する身体的攻撃や、人のものを返さないことがよくないことは、乳児でも直観的に理解しています。ただし、その通りに行動できるとは限りません。また、簡単に善悪の判断がつく問題と、そうでない問題があります。たとえば、幼児は相手に対して攻撃をしかけることはよくないと思っていますが、報復（仕返し）のためなら許容されると考える傾向にあります。幼い子どものしつけにあたっては、できるだけルールをわかりやすくし、一貫性のある対応を心がけていくことが必要になるでしょう。

いけないことを注意すると同時に（あるいはそれ以上に）、よい行動に着目していくことも大切です。叱ってばかりいると、子どもによっては自尊心が低下してしまうこともありますし、逆に注目を浴びるために悪いことをする子どもも出てくるからです。小さなことであっても向社会的にふるまうことができたら、ほめたり、感謝したりするとよいでしょう。また、家庭の中で責任をもって仕事をする機会が多い子どもほど、向社会的な行動をとることが示されています。子どもの年齢に応じたお手伝いの機会を与えることも有効でしょう。

ただし、よい行動をしたからといって物をあげるのは逆効果のようです。ある研究で、1歳8か月の子どもが他者を助けるたびに、何も与えない、お礼を言う、おもちゃを与えるという条件を設けたところ、おもちゃを与えられた子どものみ、援助行動が減少したということです。これは、人を助けるという行為が内発的に動機づけられており、外的強化（賞罰など、行動を強めたり弱めたりするもの）によってその動機づけが損なわれてしまったことを示唆しています。同様に、幼児を対象とした研究でも、自主的にお絵かきをしていた幼児に

ご褒美を与えると、お絵かきをしなくなったという知見が見出されています。

b　観察学習

　大人による意図的、直接的な働きかけだけでなく、周囲の人の行動を見ることによっても子どもは学んでいきます。バンデューラは、子どもの行動が、直接の経験によらなくとも、他者の行動を観察し、模倣すること（**モデリング**）によって学習されるという**観察学習**を提唱しました。一般に、他者がある行動をして賞賛や報酬（正の代理強化）を受けるのを見ると、子どももその行動をとる傾向が強くなります。逆に、ある行動をして非難や罰（負の代理強化）を受けるのを見ると、その行動をとる傾向が弱まります。ただし、こうした代理強化がない場合でも、観察学習は成立します。とくに、子ども自身が**同一視**（特定の他者と自分を結びつける意識的／無意識的な心の働き）をしている人物の行動はモデリングされやすいことがわかっています。

　観察学習は、もともとは攻撃行動を説明するために提唱された理論ですが、現在では向社会的行動の獲得にも適用されています。この理論にしたがえば、何が道徳的でよい行為なのかを教えることよりも、実際に大人が向社会的な行動をしているかどうかが重要になってきます。とくに、文字や抽象概念を通して理解することが難しい幼児は、観察学習によって多くの行動を学んでいきます。子どもを取り巻く大人に求められるのは、自分が「言っていること」と「やっていること」を一致させ、お手本を見せていくことだといえるでしょう。実際、第二次世界大戦中に危険を冒してユダヤ人を救った人々や、1950 〜 60 年代にアメリカの公民権運動に参加した青年を調べた研究からは、かれらが子どものころ、利他的にふるまう親との間に暖かい関係を築き、同一視していたことが示されています。

　また、身近にいる人の行動だけでなく、メディアの影響も指摘されています（コラム 8 参照）。とりわけ暴力シーンが攻撃行動に与える影響はくり返し確認されており、注意が必要です。一般に、人は向社会的な行動よりも反社会的な行動に注目しやすく、よく記憶する傾向があります。このように、ポジティブな側面よりもネガティブな側面に着目する傾向のことを**ネガティビティ・バイ**

アスと呼んでいます。子どもはテレビやゲームの暴力シーンに引きつけられ、まねをする傾向があるため、なるべく暴力や暴言の多いコンテンツは避け、向社会的な内容のものを選ぶとよいでしょう。

最近は、人間だけでなく、他の動物種（チンパンジーやゴリラ、カラスやハトなど）においても観察学習がみられ、他個体の行動を見て学んでいることがわかっています。アカゲザルの群れでは、寛容な年長の個体がいる場合は、いない場合に比べて、けんかをしてもすぐ仲直りするそうです。子ども集団を上手に育てていくことも、子どもが向社会的行動を学びやすくすることにつながっていくのではないかと思われます。

▶3 文化

第1章で言及した発達的ニッチやブロンフェンブレンナーのモデルが示しているように、人間の行動は多かれ少なかれ、所属する文化の影響を受けています。本章1節で紹介したコールバーグの発達段階も、欧米の男性にはよく当てはまるのに対し、欧米の女性や、日本人を含むアジア人の場合は、大人でも2つめの慣習的道徳性にとどまりやすいことが示されています。このことは、抽象的な原理原則に則って判断すること（後慣習的道徳性）が必ずしも発達の到達点であるとは限らず、所属する文化によって道徳的判断の基準が異なることを示しています。日本人の場合、人間関係や他者の気持ちに配慮した判断がなされやすいようです。

実際、日米のしつけの比較研究を行った東洋（あずまひろし）によれば、日本では気持ちや思いやりを重視する傾向があるということです。たとえば、子どもがいけないことをしたときは、「そんなことをしたら、お母さんは悲しいな」とか「〇〇くんが同じことをされたらどう思う？」など、他者の気持ちを伝えたり、想像させたりします。また、子どもとの直接的な対立を避け、「〇〇ちゃんはいい子だから、もうそんなことしないね」など、ことばや態度で大人の思いを伝え、子どもがそれに沿って行動できるようになるのを見守ります。このような養育者との情緒的な共生関係を通して、日本の子どもは他者の気持ちに敏感になり、

それを善悪の判断のよりどころにするようになると考えられます。

　一方、アメリカのしつけは、もっと直接的になされる傾向があります。子どもがいけないことしたときは、「ダメなものはダメ」といったように、大人の権威に訴えて子どもを統制します。一方で、子どもにも、自分の考えをことばで説明したり、選択や決定をしたりする機会を頻繁に与えます。このように、自他の違いを明確にし、子どもの自主性や独立性を尊重しながらも、善悪の判断については大人が主導権をもって伝えていく傾向があります。

　それぞれの文化にはそれぞれが求める人間像があり、それに応じた働きかけがなされているといってよいでしょう。ある文化では当たり前とみなされている行動や考え方も、異なる文化では理解しがたく思える場合があるかもしれません。異文化間の交流が進み、よりいっそうの相互理解が求められる時代にあっては、多様な文化圏の行動パターンとその意味について、互いに学び合うことも必要になってくると思われます。

メディアの影響

21 世紀に入り、従来のテレビやゲーム、DVD に加え、スマートフォンやタブレットが加わり、電子メディアの多様化と普及が急速に進みました。子ども向けのコンテンツやアプリの開発も進み、いつでもどこでも利用できるようになっています。親にとっては便利な一方で、使いすぎによる悪影響も心配されています。アメリカ小児科学会は、1999 年に「2 歳未満の子どもにはスクリーン・タイム（映像接触時間）をゼロに」という勧告を出しましたが、2016 年には「1 歳半まではビデオチャットを除き、メディア利用を避ける。1 歳半～・2 歳児には、良質な内容を選び、大人が必ず一緒に利用する」という勧告に変更しました。同じように、日本小児科医会も「スマホに子守りをさせないで」と警鐘を鳴らしています。

メディア利用の何が問題なのでしょうか？　このテキストにも示されているように、乳幼児期（とくに 0 ～ 2 歳ごろ）の健全な発達には、五感を使った環境の探索（感覚運動）や、養育者との触れ合いが欠かせません。メディア利用の時間が増えると、これらに割く時間が減ってしまう恐れがあります。近年は、夜間のメディア利用が子どもの睡眠の乱れを引き起こすことも指摘されています。

また、利用時間だけでなく、子どもが接している内容にも注意を払う必要があります。暴力的な内容への接触が子どもの攻撃性や不安感情を高めることは、くり返し確認されています。利用する際はできるだけ良質な内容のものを選ぶとよいでしょう。幼児期は基本的生活習慣を確立する時期でもあります。食事や睡眠の習慣と同様に、メディア利用のルールを決め、メリハリのある使用を心がけていくとよいでしょう。

実際、乳幼児のメディア利用は家庭の影響を強く受けています。親がよく利用する家庭では子どもの利用時間も長く、親がフィルタリング（見てよい内容や時間を決めている）をしている家庭では短いのです。また、大人による媒介、すなわち一緒にメディアを利用して感想や意見を言い合うことは、子どものメディア理解を助け、悪影響を防ぐのに有効であることがわかっています。

第9章 さまざまな発達の障害

　幼稚園や保育所、認定こども園等に心身発達上の障害をもった子どもたちが入園する機会が増えています。2016年に施行された「障害者差別解消法」においては、社会生活のあらゆる場面で障害を理由とする差別の禁止と合理的な配慮の提供が義務づけられて、保育の場でも、障害の有無等にかかわらずすべての子どもが、可能な限り一緒に保育や教育を受けることができるような配慮や支援が求められています。

　人間は誰でも似ているところや、違ったところがある、そして、他人より早くできることや、上手にできることだけに価値があるのではなく、自分の力を精一杯出すことに喜びを感じられることが大切なのだということ、誰かに助けられたり、誰かを助けたりして、関わり合いながら生きていくのが人間であるということを、子どもたちが日々の生活の中で感じ取っていってくれることを願います。

1節　発達の障害とは

▶1　障害について理解すること

　みなさんはどのような形で「心身の障害」に出会ったのでしょう。自分自身が何らかの障害をもっている人もいるでしょうし、家族や友人に障害者がいるという場合もあるでしょう。ボランティア活動に参加することで積極的に出会いをもった人もいれば、保育士資格を取るためにやむなく行った施設実習が最初の出会いだったという人もいるかもしれません。これまで、まったくこの問題に関わったことのない人でも、いつの日か自分自身や家族が障害者になったり、わが子が障害をもって生まれてきたりする可能性を否定することはできません。

　人間は未知のものに対して、恐れや拒否の感情を抱きやすいものです。正しい知識を得て、障害とともに生きる人々に関わるチャンスをもち理解を深めることが、人間性に対する洞察力を深め、自分自身を大きく成長させてくれるはずです。

▶2　「発達障害」と「発達の障害」について

　ここで、「発達障害」という用語について、整理しておきたいと思います。「発達障害」ということばは、1990年代から頻繁に使われるようになってきました。しかし、実はこのことばの定義は、明確に定まっていません。知的障害、自閉スペクトラム症、学習障害、ADHDなど、主として青年期までに発症する中枢神経系の原因に基づくと思われる精神機能の障害を指すことが多いようです。2005年に施行された**発達障害者支援法**では「この法律において『発達障害』とは、自閉症、アスペルガー症候群その他の広汎性発達障害、学習障害、注意欠陥多動性障害その他これに類する脳機能の障害であってその症状が通常低年齢において発現するものとして政令で定めるものをいう」とされています。この法律において、知的障害は発達障害に含まれていません。その理由は、知

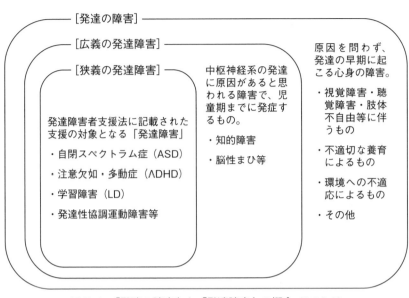

図9-1 「発達の障害」と「発達障害」の概念（著者作成）

的障害に関しては既存の法律（知的障害者福祉法）で支援の手が差し伸べられ
てきたのに対して、明らかな知的障害が認められないにもかかわらず、日常生
活や社会適応に困難を抱え支援を必要としている発達障害児・者の支援を目的
としてつくられた法律だからです。このように「発達障害」は、知的障害を含
む定義（広義の発達障害）と知的障害を含まない定義（狭義の発達障害）があり、
どちらも間違いではありません（図9-1）。

　さらに、この章では「発達障害」に限らず、主として発達の初期、すなわち
乳幼児期からさまざまな原因によって生じ、発達に影響を与える心身の障害に
ついても、広く**「発達の障害」**として取り上げます。

　発達初期に生じる障害は、2つの意味で特別な配慮を必要としています。ま
ず、第一に、人間としてのさまざまな基本的能力の獲得過程で起こる障害です
から、その影響は生涯にわたり、広範に及ぶ可能性が高いといえます。第二に、
心身の発達途上であるこの時期の人間は、可塑性に富み、何らかの障害をもっ
ていたとしても、それを他の能力で補って、環境に適応していく力が高いとい

うことです。

2節　精神機能の発達の障害

▶1　知的障害

　知的機能（認知、記憶、思考、学習等の力）の発達水準がその子どもの実際の年齢（生活年齢）の標準より遅れている状態（目安として知能指数70以下）を指します。**知的障害**の診断がなされる際には、知能検査による診断結果に、言語能力や、社会性、身辺処理能力などの生活行動面での発達についての観察結果を加えて総合的に判断されます（表9-1）。

　知的障害の生物学的原因については、図9-2に示すようなものが考えられます。しかし、実際には、はっきりした原因がわからない場合が多いのです。**ダウン症**のように「染色体の異常」という原因がわかっていても、なぜ染色体の異常が起きるのかは明らかになっていません。また、原因がわかっても完全に治療することはほとんどの場合不可能です。出現率は2〜3％といわれ、発達障害の中では頻度の高いものです。

▶2　自閉スペクトラム症

　次のような特徴が3歳ごろまでにみられたときに、**自閉スペクトラム症**という診断がなされます。

a　社会的コミュニケーションおよび相互的関係性における持続的障害

　乳児期には「人見知りや養育者への後追いがない」、幼児期には「呼んでもふりむかない」「視線が合わない」「他の子どもへ関心を示さない」などの特徴がみられ、自分から対人関係を形成することが困難です。

　幼児期には、言語発達の遅れ、おうむがえしや、ひとりごと、独特の言い回しを用いるなど、ことばを社会的コミュニケーションの手段として使いこなすことに困難があります。気に入ったコマーシャルの難しいせりふや、長い歌を暗記しているのに、簡単なやりとりのことばが使えないなどという子どももい

表9-1　知的障害の程度による分類

(「愛の手帳（東京都療育手帳）交付要綱」をもとに作成)

分類	知能指数	成人における日常生活の困難度
軽度	おおむね50〜75	日常生活に差し支えない程度に身辺の事柄を理解できるが、時と場所に応じた臨機応変の対応は不十分。日常会話はできるが、抽象的な思考が不得手で、こみいった話は難しいので場合によっては支援が必要。
中度	おおむね35〜49	具体的な事柄についての理解や簡単な日常会話、ごく簡単な読み書きができる。声かけ等の援助のもとに社会生活が可能。
重度	おおむね20〜34	生活習慣になっていることであれば、言葉での指示を理解し、ごく身近なことについては、身振りや2語文程度の短い言葉で表現することができる。日常生活では、個別的援助を必要とすることが多い。
最重度	おおむね19以下	ほとんど、言葉を理解することができず、意思を伝えることや環境に適応することが著しく困難である。日常生活ではいつも誰かの介護を必要とする。

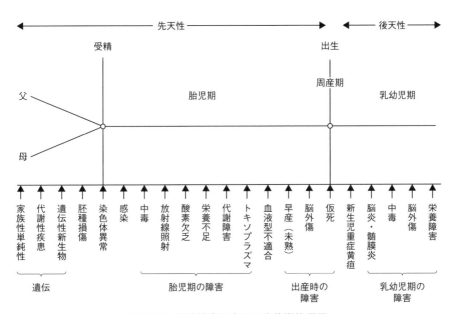

図9-2　知的障害を生ずる生物学的原因

(柚木・白崎, 1988)

ます。一部には、それまで出ていた単語が2歳過ぎに消えてしまうといった例もあります。

児童期以降は、他者の気持ちに共感したり、相手の立場に立って物事を考えたりすることが難しく表情や態度から相手の気持ちを読み取ることや、場面にふさわしい態度、会話を持続することができないことが、社会的適応を困難にします。

b　興味関心の限定および反復的なこだわり行動・常同行動

こだわりが強く、何かしら興味をもったものや、物の位置、順序等が変化することに強い拒否反応を示します（**同一性保持**）。儀式的な反復行動や、くるくる回ったり、目の前で手をひらひらさせて眺めたりなど、自己刺激的な行動をくり返すこと（**常同行動**）がみられることもあります（図9-3）。このような行動を無理にやめさせようとすると「**パニック**」とよばれる極端な混乱状態を示し、奇声を発したり、周囲の物や人、自分自身に対する攻撃的な行動をとったりする場合もあります。

以上の2つの特徴に加えて、**感覚過敏性**（光や音の刺激に過剰な反応を示す）や**感覚鈍感性**（通常苦痛を感じるような刺激に無反応である）が随伴することもあります。

それぞれの特徴の現れ方や強さは子どもによってさまざまで、年齢とともに目立たなくなってくる部分も、逆に強調されてくる部分もあります。また、言語発達の遅れは知的障害の特徴でもあり、ある種の「こだわり」のようなものは定型発達児の幼児期にも一時的にみられることがありますから、そういった行動がただちに「自閉スペクトラム症」の診断に結びつくわけではありません。また、対人関係の障害も、障害の程度と、周囲の働きかけによっては大きく改善していく場合があります。

自閉スペクトラム症は中枢神経の機能の障害が原因で起こった発達障害です。親の養育態度や心理的なことが原因となって生じる障害ではありません。対人関係の不安が原因となって、幼稚園や学校等の集団生活の場面でのみ、まったく話をすることができなくなる「**場面緘黙症**」が自閉スペクトラム症と混同さ

オウム返し，独語 奇妙な言語使用

話しかけに無反応 視線が合わない

子どもたちの輪に 入れない，人との 交流が苦手

常同的なパターン化した 遊び，変化への抵抗

特定のものを いつも 持っている

手のひらを ヒラヒラさせる

理由不明の かんしゃく

横目をする

つま先立ち歩き

こま回り

図9-3　自閉症児の行動特徴
（荻原, 1997）

れている場合がありますが、両者はまったく違うものです。

　自閉スペクトラム症の子どもの知的発達のレベルはさまざまで、高い知的能力を示す者（**高機能自閉症**）も、重い知的障害をあわせもつ者もいます。中には、全体としては知的障害と診断される知的発達レベルでありながら、特定の分野に優れた記憶力や、認知能力を示す者もいて、3歳くらいから漢字やアルファベットに興味を示したり、優れた記憶力をもっていたり、計算が得意だったりする子もいます。そういった能力の高さに目を奪われて、また、おとなしくしているからといって1人で特定の活動ばかりに没頭させていると、乳幼児期に大切な自律性や対人関係能力を育てる機会を失うことになります。子どもの興味関心を尊重し、長所を生かしつつ、生活習慣や社会性を身につけられるように発達全体のバランスを視野に入れた支援を考えていくことが大切です。

▶3　注意欠如・多動症（ADHD）

　注意欠如・多動症（以下、ADHD）の子どもたちは、全般的な発達の遅れがないにもかかわらず、じっとしていることが難しく、着席して話を聞いたり、順番を待ったりすることが非常に苦手です。また、気が散りやすく、注意深く指示を聞くことや、物事を順序だててやり遂げることが困難です。一方で、自分の興味のあることには驚くほどの集中力をみせることがあります。独歩が可能になると同時に**多動性**が顕著になる場合が多いのですが、ADHDの診断が確定するのは早くても、4歳以上です。

　一般的に、2歳児の多くは活動的で、ほとんどじっとしていられません。4歳ごろまでは定型的な発達の子どもでも、多動や**注意集中の困難**は頻繁にみられます。4歳を過ぎるころから、子どもたちは急速に自己コントロールの力を身につけていきますが、この時期になっても多動性や衝動性がおさまらないと問題が大きくなります。運動能力が発達することで、行動範囲は広がりますし、体格が良くなりますから、抱き上げて危険を回避することが難しくなります。周りの子どもたちが急速に社会性を身につけ、自発的に子ども同士の関係をつくるようになる時期ですが、ルールを守れず、自分本位な行動ばかりが目立つと、子どもたちの仲間に入ることも難しくなります。

　ADHDが疑われる子どもへの対応で、まず行っておきたいのは、知的発達に関するアセスメントです。実際の年齢が4歳でも、知的発達が3歳未満であれば、行動調整が難しいのはやむをえないと考えられます。身体発育や、運動能力に遅れがない場合には、多動性や衝動性が目立ちますが、知的発達に伴って行動が落ち着いていく場合が多くあります。

　知的障害の有無にかかわらず、多動性や衝動性が目立つ子どもへの対応は、以下のような点に配慮することが必要です。

①**物理的な環境を整える**　子どもが保育室から出て行ったとしても、園から外に出たり、事故が起きたりすることがないよう環境を整え、けがをしそうな場所はふだんからチェックして安全対策をとっておきましょう。このことによって、ほかの子どもたちにとっても園全体が安全な場所になります。

②園全体で問題を共有し、子どもを見守る　当該幼児の特徴をスタッフみんなで共有し、子どもの行動を予測してつねに、誰かが子どもの行動を見守れる体制をつくりましょう。担任が1人でその子どもを追いかけたり、子どもの行動に振り回されたりすることがなくなります。

③叱らない　子どもの行動を無理に抑えたり、叱ったりすることは、集団生活への拒否感を高め、自己肯定感を低くすることにつながります。子どもの発達や興味関心に合わせた環境を用意し、少しずつ集団生活のルールを身につけ、友だちと一緒に活動することの楽しさを伝えていきましょう。

④保護者との協力　ADHDの子どもを育てる保護者は、同じ指示を何度くり返しても従えず、ルールを破って次々とトラブルを起こすわが子に対して、なんとかしなければと躍起になるあまり、注意しているつもりが行きすぎた叱責や暴力に発展するということも起こりがちです。ルールが守れず、周りと同じ行動がとれない子どもの状態を改善するために協力を求めるつもりで行った担任から家庭への連絡が、保護者も子どもも追いつめることになることがしばしばあります。「困った子ども」と思われている子どもを育てる保護者が、実は一番困っているのだということを念頭に置き、子どもの成長を共有し、保護者が子育ての喜びを忘れずに、子どもに自己肯定感を育てられるような関わりができるような工夫を協力して行っていくことが重要です。

3節　身体的障害

▶1　聴覚障害

　聴覚障害は聴覚器官または、脳の聴覚中枢のいずれかに障害があるために、音が聞き取れない、あるいは聞き取りづらい状態です。幼児期に聴覚障害をもつことは、単純に「音が聞き取れない」というだけではなく、「話すこと」や「考えること」「コミュニケーションをとること」など、さまざまな能力の発達が障害をうけるということです。聴覚障害はできるだけ早期に発見し、適切な対応をとることで、二次的な障害を最小限にとどめることが大切です。先天性

表 9-2　世界保健機構（WHO）による聴覚障害の分類と聞こえの状態

聴力レベル	分　類	聞こえの状態
26 − 40dB	軽度難聴	日常会話に不自由しない。ささやき声や小さな話声が聞き取りにくい。
41 − 55	中等度難聴	一対一の会話なら聞き取れる。聞き違いが多くなる。
56 − 70	準高度難聴	集団活動の場での聞き取りが困難。大きな声は 1 m 以内ならわかる。
71 − 90	高度難聴	至近距離でなければ会話語がわからない。
91 −	最重度難聴	至近距離でも会話語の聞き取りが困難または不可能。

の難聴は、新生児 1000 人あたり 1 〜 2 人発生するといわれています。知的障害や自閉症の診断をする際にも、まず「聴覚障害」がないことを確認しておかないと、とりかえしのつかない対応の誤りを犯すことになります。厚生労働省は、2000 年度から新生児聴覚検査モデル事業を開始し、生後 3 日以内の新生児に聴覚検査を行うことを推奨し、2019 年度において新生児の 80％以上が聴力検査を受けています。生後間もない赤ちゃんに、どうやって聴力検査をするのか不思議に思われるかもしれませんが、AABR（自動聴性脳幹反応：Automated Auditory Brainstem Response）や、OAE（耳音響放射：Otoacoustic Emissions）を利用した聴力の測定機械を使えば、難聴の有無を判定することが可能です。

　聞こえにどの程度の困難があるのかは、両耳の聴力を測定してその聴力損失値がどの程度か（聴力レベル）によって判断されます。聴力レベルは、音の強さを表す単位、デシベル（dB）で示されます（表 9-2）。

▶2　視覚障害

　視力や視野の障害、光覚や色覚の障害、眼球運動の障害など、さまざまな見る機能全体の障害のことを**視覚障害**といいます。中でも「視力」に障害があり、見ることが不自由または不可能になっている場合は日常生活への影響が大きく、できるだけ早期に発見し、適切な訓練や教育が行われることが不可欠です。視力障害の程度により、「**盲**」と「**弱視**」に分けられますが、分け方の基準は 1 つに定まっていません。一般的に、盲は矯正視力 0.05 未満、弱視は矯正視力が 0.3 未満とされることが多いようです。

視覚障害の主な原因としては、小眼球、白内障、緑内障、未熟児網膜症などが、先天的にあるいは出生直後に発症していた場合、または病気の感染や、事故の後遺症などがありますが、原因不明のものもあります。

出生直後から、視覚的な刺激は子どもの心身の発達に重要な役割を果たしています。子どもを取り巻く環境から視覚刺激が奪われることは、それだけでさまざまな経験の機会が奪われることを意味します。周囲の大人は、聴覚、触覚をはじめあらゆる残存した感覚に働きかけて、できるかぎり豊かな環境を準備し、子どもたちの発達を援助していく必要があります。スキンシップや温かいことばかけを十分に与え、自分は愛されているという気持ちを子どもが保てるようにしていくことが大切です。

▶3　肢体不自由

肢体とは、四肢と体幹のことをいい、人間の身体の姿勢を保ったり、動いたりする身体の部分のこと（脳や内臓など、身体の内部の臓器は含みません）です。肢体の一部が欠損したり、自由に動かせなかったりするために、日常生活に不自由をきたしている状態が肢体不自由です。**肢体不自由**を伴う主な疾患としては、脳性まひ、進行性筋ジストロフィー症、二分脊椎、外傷性疾患（切断等）などがあります。

この中で、**脳性まひ**は肢体不自由の7割を占める障害で、発育途上の脳に、修復が困難な病変が起こることによって、運動発達の遅れ、筋緊張の異常、姿勢の異常、などが生じます。また、原因となる脳の病変によって、多くの場合、言語障害や知的障害、けいれん発作を合併します。主な原因としては、胎内感染、早期産低体重児出生、出産時仮死、髄膜炎、出生後の頭部外傷、などがあります。

肢体不自由児は、運動発達が全般に遅れがちです。このような運動発達の遅れは、移動や探索などの行動を制限し、さまざまな経験や学習の機会を奪ったり減少させたりすることになります。また、治療や訓練に伴う苦痛や不安などによって情緒的な安定を欠きやすく、欲求不満を生じたり、依存的になったり

ということもみられます。形態や、容姿に一目でそれとわかる異常がある場合、周囲の無理解な態度や視線にさらされることによって、本人や保護者は、耐えがたい苦痛を味わいます。そのために人中に出ることを避け、家の中に閉じこもるようなことがあれば、ますます経験の幅は狭められ、学習のチャンスを失うことになります。1人でも多くの人が、障害に対する偏見や誤解から自由になるためにも、幼児期からさまざまな子どもたちとともに育ち、お互いに豊かな経験ができる機会をたくさんつくっていきたいものです。

▶4　医療的ケア児

　生まれたときから身体に重い障害があり、人工呼吸器や胃ろう等を使用し、たんの吸引や経管栄養などの医療的ケアが日常的に必要な子どもたちのことを「**医療的ケア児**」とよびます。周産期医療の進歩によって、低体重で出生した赤ちゃんの命が助かる確率が高くなったこと等に伴って、医療的ケア児は年々増加しています。医療的ケア児の障害の程度は、歩行もできるし知的障害もない子どもから、重い知的障害と身体障害をあわせもち寝返りを打つことも困難な状態の子どもまでさまざまです。

　2016年に改正施行された児童福祉法では、地方公共団体が、医療的ケア児の支援に関して保健、医療、障害福祉、保育、教育等の連携のいっそうの推進を図るよう努めなければならないことが明記されました。また、厚生労働省は医療的ケア児支援モデル保育所を指定し、看護師等の配置や、保育士のたん吸引等に関わる研修受講等を支援し、受入体制の整備を進めています。 保育所での受け入れや、訪問保育が徐々に開始されており、在宅で介護者と2人きりで過ごすしかなかった子どもたちが、子ども集団の中で、さまざまな刺激を受けながら経験を広げることも可能になってきました。そして2021年、「医療的ケア児及びその家族に対する支援に関する法律」が施行されました。

4節　ことばの障害

▶1　ことばの障害について

　「発達の障害」の中で、最も数が多いものといえば、間違いなく 「**ことばの障害**」でしょう。なぜならば、「ことばの障害」は、知的障害にも、自閉症にも、聴力障害にも、運動能力障害にも伴うものであり、さらに情緒的な障害によっても起こることがあるからです。そして、「ことばの障害」がこれらのさまざまな発達障害に気づく最初のきっかけであることも多いのです。「ことばの障害」がみられる場合には、まず子どもの発達全体に目を向け、その子の症状がどのような原因から起こっているのかを頭に入れながら、適切な対応を考えていく必要があります。

▶2　ことばの遅れ

　ことばの発達に関して受ける相談の中で最も多いのが「**ことばの遅れ**」です。しかし、ことばの発達の過程は非常に個人差が大きく、2歳半まで一言もことばらしきものを発しなかったのに、2歳半を過ぎたとたんにあふれるようにことばを話し始めたという例もあります。ことばが出てくるとされるのは1歳台ですが、この時期にことばが出ていなくても、こちらの言ったことばがだいたい「理解」でき、指さしをしたり、声を出してコミュニケーションをとろうとしたりという意欲が育っている場合には、あまり心配せずに様子をみてもよい場合が多いのです。しかし、次のような場合には、専門の機関に相談することを勧めます。

①ことばの理解力にも遅れがみられる。

②2歳半を過ぎても単語が出ない、あるいは3歳を過ぎてもことばの数が増えない、出ていたことばが消えてしまった。

③視線があいにくい、人への関心がうすい。

④よだれが多い、ころびやすい、不器用で、なんとなく動きがぎこちない。

⑤ことばでのコミュニケーションがとれないために、乱暴な行動をとる、友だちと関わりがもてない。

▶3　発音の障害（構音障害）

　ことばの発音のことを「構音」といいます。特定の音が出せずほかの音に置き換えてしまったり、子音を省略したり、発音が歪んではっきりしなかったりする話し方を「**構音障害**」といいます。ことばの話し始めは、誰でも正しく発音できない音がたくさんあります。幼児期は、赤ちゃんことばがなかなかぬけなかったり、サ行音がなかなか言えるようにならなかったりする子がいても、そのほかの全体的な発達に問題がなければ、あまり神経質にならずに様子をみたほうがよい場合も多いのです。しかし、次のような症状については、言語聴覚士のいる専門の治療機関を受診することを勧めます。

① 6歳を過ぎても赤ちゃんことばがぬけない、発音できない音がある。

② たくさん話すのに、発音できない音が多くてことばの意味が通じない。

③ 声が鼻にぬける、のどに力の入ったわかりにくい発音をする。

④「側音化構音」という息が口の両脇からもれる歪んだ発音（イ列に多い）がある。

⑤本人が発音を気にして人前で話すことを嫌がる。

　子どもの発音が不明瞭であったり、間違ったりしても、「もっとはっきり言いなさい」とか、「タカナじゃないでしょ！　サ・カ・ナ！　もう一度言ってごらんなさい。サ・カ・ナ！」などと何度も言い直しをさせるというようなことはしないでください。効果がないばかりか、話すことに対する苦手意識をうえつける結果になります。

▶4　吃音

　ことばのはじめが出にくく、音をくり返したり、引き延ばしたり、つまったり、いわゆる「どもる」状態のことを「吃音」といいます。吃音には、緊張するとひどくなる、症状に波があり良くなったり悪くなったりをくり返す、とい

う特徴があります。

　２〜３歳くらいの、まだ、流ちょうにしゃべれない時期の子どもが、吃音と似たような話し方をすることは頻繁にみられます。ですから、この時期の子どもが言葉につまったり、出だしのことばをくり返したりする話し方をしていたとしても、「吃音」という見方をすることには慎重である必要があります。

　吃音の原因についてはさまざまな説があり、心理的なストレスが症状を悪化させることから、情緒障害の一種と考える場合もあります。生まれつきの素因に環境の条件が加わると発症するという説もあります。吃音は、同じような症状を示していても、原因は一人ひとり微妙に異なっています。子どもの環境の中で、吃音を悪化させる要因と思われる部分を改善し、子どもが積極的な生活姿勢をもてるように支援していくことが大切です。

　幼児期に吃音の症状を示している子どもは、5％程度いますが、成人で吃音の症状がある人は1％程度です。多くの子どもが成長に伴って自然に症状が消えていくので、これまで、吃音の症状がある幼児期の子どもへの対応方法としては、子どもの話し方に注目せずに、話の内容や、話したい気持ちを受けとめることを大切にしましょうという指導が中心でした。しかし、近年、吃音治療に効果のある方法としてオーストラリアで開発された「リッカムプログラム」が注目されています。

　リッカムプログラムとは、行動療法の理論に基づく吃音の治療法です。吃音の症状が出始めた幼児期から適用することが望ましいとされており、これまでの吃音への対応方法とはまったく異なるやり方です。親が子どもの話し方に対して「スラスラ言えたね」「つっかからなかったね」などとフィードバックしながら進めます。最初は上手に言えたときだけに注目し、子どもに自信をつけさせる声かけをすることで、吃音の頻度を下げていき、最終的には、子どもが自ら吃音の症状に気づいて、修正できるようになることを目的とします。プログラムの実施にあたっては、リッカムプログラムの指導に精通した言語聴覚士の指導を受けながら行うことが必須です。

5節　保育の中の発達の障害

▶1　保育の中で気になる子ども

　幼稚園や保育所等の保育の場で明らかな発達の障害が認められるわけではない**「気になる子ども」**についてさまざまな報告や取り組みがなされています。たとえば、行動を見ていると、知能に大きな遅れはなさそうだし、一方的ではあるけれどもよくおしゃべりをするし、視力や耳の聴こえ方にも異常はなさそうなのに、どうも落ち着きがなかったり、友だちと遊べなかったり、自分勝手な行動が多いという子どもがいます。こういう子どもをみていると、全体としてほぼ正常範囲の発達をとげていながら、ある部分の発達に遅れがみられる、いわば「発達の偏り」をもつ場合が多いようです。例に挙げたような子どもは「自己コントロール」や「対人関係」の力が未熟で、いわゆる「社会性」の遅れが認められます。この中には**「高機能自閉症**（知的障害のない自閉スペクトラム症）**」「ADHD」「学習障害」**等、いわゆる**発達障害**と診断される子どもが含まれていると思われます。

　このような事例では、問題行動の原因は、しつけや社会経験の不足によるものと誤解されることがあります。4歳児で入園して、家庭環境に大きな問題があるわけではないのに、半年経っても、1年経っても、自律的な行動がまったくとれず、社会性の遅れや、問題行動が目立つようだと、おそらくは中枢神経系の発達に問題があると推定できます。

　集団への不適応、即「障害児」というとらえ方をすることは慎まなければなりませんが、気になる子どもについて、発達の状態を分析的にとらえ、問題行動の原因が、場合によっては中枢神経系にある可能性についても検討し、専門の相談機関や医療機関の利用を視野に入れた対応を考えることは大切です。そういった見方をもっていることが、子どもに対して、過大な努力を強いたり、一方的に家庭での対応や親の無理解を責めたり、という過ちを防ぐことにもつながります。

　また、一方で「**虐待**」によって発達障害と似たような発達の遅れや行動上の問題が起こることも知られてきました。被虐待児には、注意集中の困難や多動傾向が高頻度でみられるというのです。育てにくさが「虐待」を誘発する場合も、虐待によって「自己コントロールの難しさ」が深刻化する場合もあります。どちらが原因で、どちらが結果とは簡単にいえない関連性があるようです。子どもたちの「気になる行動」の原因はさまざまですが、対応の基本は、人との温かい関係を築けるように家族も含めた支援を行っていくことです。

▶2　保護者への支援

　集団の中で多くの子どもの発達をみている保育者は、障害に気づきやすい立場にあります。保育の中で明らかに他児より手がかかるのに、保護者にまったくその認識がないと「子どものことをわかっていない困った親」といった見方をしがちです。園生活でいかに手を焼いているかを逐一伝えることで、少しでも現実の子どもの姿を理解してもらおうという保育者がいますが、結果的に保護者は混乱し、園にも、保育者にも、拒否的な感情をもってしまうことになりかねません。まずは、クラスの一員として子どもの存在を認め、その子の発達を理解し、保育の中でどのように援助していくべきかを考えましょう。

　保育参観や行事をきっかけに保護者が問題を意識する機会があります。その際には、保護者の不安な気持ちに共感し、子どもの成長している部分を認め、一緒に問題を考えていこうという姿勢を示してください。今、子どもにとってどのような働きかけが必要なのかを具体的に伝えることが大切です。

　場合によっては、より多くの情報や助言を得るために、相談機関を訪れることを保護者に勧めます。ただし、このような助言は慎重に時期とことばを選んで行わないと、保護者との信頼関係が崩れるきっかけになることもあります。できれば、保育者自身も相談機関と連携をとりながら、よりよい援助を考えていくことが望ましいと思います。

虐待などの不適切な養育を受けたり、養育者が頻繁に変わったり、普通でない状況（大勢の子どもの世話を少人数の大人が担当している施設など）で養育を受けたりしている場合、子どもは自分を守ってくれる特定の人物に対する愛着を築くことができず、その結果、対人面や社会面において深刻な問題を呈する場合があります。このように、誰に対しても愛着が形成されていないために心理面に深刻な問題が生じている状態を、医学的には愛着障害といいます。

アメリカ精神医学会の精神疾患の診断・統計マニュアル第5版（DSM-5）によれば、愛着障害は、誰にも愛着を示さず、養育者に感情的な交流を求めず、苦しくても寂しくても助けや慰めを求めることのない「反応性愛着障害」と、誰に対しても警戒せず親しげにふるまい、近づいたりしがみついたりするなどの愛着行動を抑制することができない「脱抑制型対人交流障害」とに分類されます。

反応性愛着障害では、大人に対してだけでなく、同年代の子どもとの感情的な交流を避けたり、過度の警戒や攻撃性を示したりすることがあるため、自閉スペクトラム症との区別が難しいとされます。また、脱抑制型対人交流障害では、誰に対しても近づいたりしがみついたりすることから、衝動的な行動が顕著である注意欠如・多動症との区別が難しいとされます。

愛着障害は、劣悪な養育環境におかれたために愛着の形成が阻害された結果、生じる障害であり、発達障害のように中枢神経系の障害によって生じるものではありません。したがって、劣悪な養育環境が適切なものへと変われば、子どもの状態には改善がみられます。しかし、実際には、子どもが発達障害をもっていると虐待などの不適切な養育を受けるリスクが高まるため、発達障害と愛着障害の両方を発症している子どももいます。

第 **10** 章　発達のアセスメントと発達検査

　子どもの発達過程は、おおむねある一定の順序や方向がみられるなど共通性がありますが、個々にみると十人十色といえます。たとえば、一人歩きを始めるまでにハイハイの時期が長い子どももいれば、あまりハイハイをしないで歩き出す子どももいます。歩き始める時期も早い子は１歳前から、遅い子は１歳半近くというように違いがみられます。さまざまな発達の側面において、どの程度までを個人差の範囲とみてよいかという問題は、専門家にも難しい問題であると言えるでしょう。発達検査の結果は、そのようなときに発達を理解するための資料の１つとなるものです。ここでは、発達をどのように評価（アセスメント）するか、そして発達検査の種類やそれらの目的や利用の仕方等について紹介します。

1節　発達のアセスメントとは

▶1　発達のアセスメントとその目的

　発達上の遅れや偏りなどが、どのような領域でどの程度みられるのかなど、発達を評価することを発達の**アセスメント**といいます。発達のアセスメントは、発達検査などによって子どもの発達をたんに測定するだけではなく、子どもの発達を理解し、必要とする発達支援を把握するために行うものです。

　発達上、どこまでを遅れや偏りととらえるか、正常や異常の境界は必ずしも明確なものではありません。同じ障害の診断をされていても、子どもたちの示す行動特徴には違いがみられますし、どのような環境で生活しているかによって子どもの抱える問題や発揮できる能力に違いがみられます。したがって、個人の特徴だけでなく、個人を取り巻く環境も理解することが重要となります。

▶2　発達のアセスメントの手順

　発達のアセスメントの手順をおおまかに示したものが図 10-1 ですが、それぞれについて以下に説明します。

①**保護者からの聞き取り**　保護者から子どもの現在の行動や状態、過去から現在までの発達経過（成育歴）、生活習慣の状況、家族や家庭の状況などについての情報を聞き取ります。

②**日常生活場面の行動観察や保育者等からの聞き取り**　子どもの日常生活場面

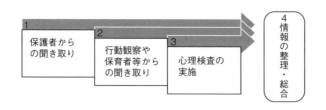

図 10-1　発達のアセスメントの手順（著者作成）

の行動観察を行ったり、保育園や幼稚園の保育者等から集団場面での子どもの様子、あそびの状況、友だちとの関係、保育者との関係、保育環境などについての情報を聞き取ります。

　行動観察は、日常生活場面での行動を観察する場合もありますが、心理検査の実施に加えてプレイルームのような設定された場面で行われる場合もあります。

③心理検査の実施　子どもの発達状況を把握するために、一般的に発達検査や知能検査が用いられます。その際、事前に保護者はもちろん、子どもからもインフォームドコンセントを得ておくことが必要です。発達段階に応じて伝え方を工夫し、検査への同意を得ることが重要になります。検査は定められた手続き通りに実施し、結果（発達年齢や発達指数など）を正確に算出しなくてはなりません。子どもの検査は心身の状態の影響を受けやすいので、発達指数だけではなく、検査時の子どもの様子（情緒の安定、興味や関心の様子、集中の度合い、姿勢、表情、自由場面での会話など）も含めて総合的にみることが大切です。子どもの変化をとらえるためには、検査結果に加えて、検査を実施したときの子どもの様子などについての記録（所見）も重要な資料となることも忘れてはならないことです。

④情報の整理・総合　保護者から聞き取った情報、日常生活場面の行動観察や保育者から聞き取った情報、そして心理検査から得られた情報を整理して、子どもの発達の水準と特徴、支援のニーズを総合的に判断します。その際に、病気や身体的特徴、運動機能などの身体的側面、認知や言語等の知的な発達や情緒・行動上の問題などの心理的側面、親やきょうだい、友人などとの関係性や家庭や集団保育の状況などの社会的側面、以上の３つの視点から整理するとよいでしょう。

　また、特異な問題点や苦手な面ばかりでなく、健康的で優れた資質や潜在可能性、得意な面などを把握することも子どもの発達を支援する際に重要な要素となります。

2節 発達検査

▶1 発達検査の歴史

　発達検査の原型は、1905年にビネーらによって開発された**知能検査**である
といわれています。

　ビネーは、フランスのパリ市教育担当省の依頼を受けて、知的障害の子ども
に適切な教育を受けさせるために、その対象となる子どもたちを選別する基準
をつくる方法として知能検査を提案しました。ビネーの知能検査は、公表と同
時に多くの心理学者から高く評価され、その後世界各国で翻訳使用されました。
なかでもアメリカのターマンが、1916年にスタンフォード改訂ビネー検査を
公表し、**知能指数**（IQ：Intelligence Quotient）の概念を採用して、普及させた
ことは特筆すべきことといえます。

　このように社会の要請にこたえて知能検査の開発や改良が行われ、そして子
どもの発達への関心の高まりや研究の発展に伴って、より年少の乳幼児の精神
発達を客観的にとらえる方法が研究されていきました。その先駆的な研究とし
て、ゲゼルの研究があげられます。ゲゼルは、30年以上にもわたって乳幼児
の行動発達を映像分析、自然観察、両親との面接など多様な方法を用いて縦断
的に研究し、発達検査の基礎を確立しました。わが国の発達検査もゲゼルの研
究成果を取り入れたものが多く、大きな影響を受けています。

▶2 発達検査の特徴

　発達検査は、乳幼児期の子どもの全体的な発達を測定するための検査です。

　乳幼児期の子どもは、身体・運動の側面の発達と精神活動の側面の発達を明
確に区別することができません。すなわち乳幼児の知的な能力は、運動能力と
密接に結びついているといえます。たとえば、「手をみつめる」「物に手を伸ば
す」「動く物に合わせて首を動かす」「指さしをする」「なぐり書きをする」な
どの行動は、子どもの自発的な周囲への興味・関心や意欲などを反映したもの

で、それら自体が乳幼児の知的な活動を示していると考えられます。

そのため、発達検査には、知能検査と異なり、粗大運動や微細運動を含む身体・運動発達に関する検査項目が含まれています。ゲゼルは「粗大運動行動」「微細運動行動」「言語行動」「個人 - 社会行動」「適応行動」の５領域にまとめました。多くの発達検査がこれらの領域から構成されています。

▶3 発達指数・知能指数

発達検査では、**発達年齢**（DA：Developmental Age）と**発達指数**（DQ：Developmental Quotient）が発達評価の目安として算出されます。これは、知能検査における精神年齢（MA：Mental Age）と知能指数（IQ：Intelligence Quotient）に対応するものです。

発達年齢（DA）は、発達検査の各問題が発達の順序性に基づいて配列（順序尺度）されていますので、どの年齢級までできたかによって求められます。発達指数（DQ）は、以下の計算方法で求められます。ここで、生活年齢（CA：Chronological Age）は、生物学的な年齢（暦年齢）を意味します。

発達指数（DQ）＝発達年齢（DA）／　生活年齢（CA）×　100

なお、多くの知能検査で用いられる知能指数（IQ）は、正確には偏差知能指数のことを指しています。あらかじめ生活年齢別集団の精神年齢（MA）の分布を調べて、集団の平均と標準偏差を用いて、個人の精神年齢（MA）を偏差IQに換算します。たとえばWISC- Ⅴといったウェクスラー系の知能検査では、同一の年齢集団の平均値を知能指数（IQ）100とし、1標準偏差（データのばらつきの度合い）を15として偏差IQを算出しています。図10-2の正規分布曲線に当てはめると、μ（ミュー）が平均値（IQ = 100）で、σ（シグマ）は標準偏差（15）を示しています。この曲線は、データの約68％が平均値±σの範囲に、約95％が平均値±2σの範囲内にあることを示します。したがって、約68％の人々はIQが85から115の範囲内に、約95％の人々はIQが70から

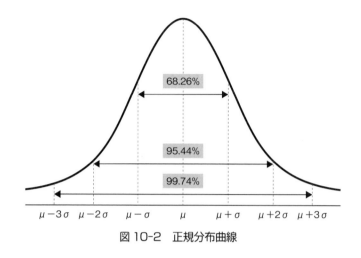

68.26%

95.44%

99.74%

$\mu-3\sigma$ $\mu-2\sigma$ $\mu-\sigma$ μ $\mu+\sigma$ $\mu+2\sigma$ $\mu+3\sigma$

図 10-2　正規分布曲線

130 の範囲内に入ります。一般的には、IQ が 70 よりも低い場合に遅れが指摘されます。

▶4　発達検査の目的

　子どもの発達上の問題や障害は、早期に発見することができれば、医学的治療、療育やリハビリテーション、保護者へのアドバイスやカウンセリング、教育的配慮など必要とされる援助を行うことができ、また問題がより複雑化、深刻化する前に対応することが可能となります。そのためには発達を適切に把握し、問題があるとすればどのような領域にどの程度の問題があるのかなどを把握する必要があります。ですから、発達検査の目的は、子どもの発達評価とそれに基づいて子どもを理解するためにある、ということができるでしょう。

　そして、発達検査は、援助計画の策定および援助の効果の判定のために大きな役割を果たします。なお、発達研究において対象児の発達評価の方法として利用されることもあります。

▶5　検査の実施上の留意点

　発達検査の実施にあたっては、検査用具の提示方法や教示の仕方などの手続

きが定められているので、検査のマニュアルを熟読し模擬練習を行うなど、周到な準備をしたうえで検査を実施することが大切です。検査によっては、大学院等で心理検査や心理測定を履修した者、あるいは検査を作成した機関や販売会社が開催する講習会を受講した者のみが実施することができるとされているものがあるので注意が必要です。

　また、以下の①〜④の乳幼児の特性を考慮することが大切です。

①心身の状態の影響を受けやすい　体調や気分など心身の状態の影響を受けやすく、検査を受けているときの心身の状態が検査への取り組み方、結果にも影響を与えている可能性があります。

②自己中心的な段階である　乳幼児期は自己中心的な思考をする時期ですので、客観的な視点から物事をとらえることは困難です。大人が望むように検査場面に適応することは難しく、子どもの意思やペースを尊重することも必要とされるでしょう。

③集中できる持続時間が短い　興味や注意の集中時間が短いため、手際よく実施し、できるだけ短時間で終えられるよう検査に習熟していることが求められます。

④人見知りをする　検査を実施する際には、子どもと検査者との**ラポール**形成が重要であることは言うまでもないことです。子どもによっては、人見知りが強く、実際の能力を発揮できない場合があります。そのような子どもの場合は、実施前にあらかじめ子どもとの関係づくりのための時間をもつなどの工夫が必要とされます。小さい子どもの場合は、保護者に同席してもらうなど、子どもが安心して検査を受けることができるような環境づくりも重要といえるでしょう。

▶6　検査結果のフィードバックと発達支援

　発達検査の結果を保護者にフィードバックする際には、子どもの日常の状態と検査結果を照合しながら、専門的な用語を使うのではなく、生活になじんだことばで理解しやすいように説明することが大切です。結果をふまえて、子ど

もの生活や発達の援助となるような具体的なアドバイスができるように心がけましょう。

　子どもの発達支援を具体的に考えるためには、本章1節で述べたように、検査結果だけでなく、日常生活場面での行動観察を行ったり、ふだんの様子をよく知る保護者や保育者からの情報を収集したりして、より多面的にアセスメントする視点をもつことが重要です。

　また、一度の判定を固定的なものとしてとらえるのではなく、経過をみながら変化をふまえて、発達検査を再度行うなどしてアセスメントを行うことが、発達的変化の大きい乳幼児期には大切なことといえるでしょう。年齢が小さいほどその後に実施した発達検査結果との相関は低いことが複数の研究で実証されており、検査結果は将来を予測するものではなく、あくまでも実施した時点での発達状況であるととらえることが重要です。

　同じ検査を実施する場合には、年齢や検査の種類によって違いがありますが、乳幼児期では4〜8か月ほど、児童期では1年、できれば2、3年の間隔をあけることが適当とされています。学習効果といって被検査児が回答を覚えてしまい、正確な結果が得られない可能性があるためです。また、ある程度の間隔をあけなければ変化の把握が難しい場合もありますので、間隔をあけずに実施して保護者に余計な不安や心配を与えてしまう可能性があることにも気をつける必要があります。

▶7　倫理的配慮

　発達検査の結果に遅れや偏りがみられる場合に、その原因までを解釈することはできません。子どもの生物学的要因、親の養育態度などの環境要因といったさまざまな要因を考慮する必要があります。また、発達検査や知能検査の結果から子どもの障害の診断をくだしたり、人格の評価をしたりすることもできません。検査は、ある目的にそってつくられたものですので、その目的から外れた意図で用いることは倫理に反することになります。

　また、子どもに実施された検査の結果は、子どもおよびその保護者の個人情

報です。したがって、他機関と連携して支援を行う場合などに検査結果を伝える必要がある場合には、保護者の同意を得て行うことが原則です。

3節　さまざまな発達検査

▶1　直接法か間接法か

　直接法は、検査者が検査用具を使って子どもに直に課題を施行するもので、客観的な測定ができます。ただし、適切な検査室や検査用具を必要とし、限定された場面への反応であるため日常の子どもの行動が反映されにくい面もあります。

　間接法は、母親や保育者など、子どもの養育者が質問紙やインタビューに回答したものをもとに発達を判定するものです。いつでもどこでも比較的短時間に実施できます。しかし養育者の期待や誤解などが入りやすく、客観性に劣る可能性があります。

▶2　診断的検査かスクリーニングか

　診断的検査とは、個別に直接的な検査を用い、諸側面の発達を細かく分析し発達状況を測定するものです。

　スクリーニング検査とは、集団健診などの場面で、大勢の中から発達の遅れや偏りが疑われる子どもを見出し、専門家の精密検査を必要とするかどうかを判定するものです。

▶3　検査の目的による種類の選択とテスト・バッテリー

　発達検査の中には、発達全体をとらえるもののほか、適応行動や自閉スペクトラム症などのように特定の発達領域や障害に焦点を当てて作成されたものがあります。また、適用年齢も検査によってさまざまです。

　発達検査の目的によって、検査の内容、検査法の種類（直接法か間接法か、診断的検査かスクリーニング検査か）を検討し、検査法を選択します。すなわち、

検査を実施するには、保護者や保育者からの情報や日常生活場面の行動観察等をもとに、何を知るために検査を実施するのか検査の目的を明確にしておく必要があります。

　また、1つの検査で子どものすべてが判定できる検査法はありません。子どもをより多面的、重層的にとらえて全体的に理解するために、複数の検査法を実施するとよいでしょう。それを**テスト・バッテリー**を組むといいます。その際、検査の順番や種類数は、子どもの負担を最小限にする配慮が必要です。

　以下に、現在わが国でよく使われている発達検査（表 10-1 〜表 10-5）と知能検査（表 10-6 〜表 10-8）を紹介します。

a　発達検査

表 10-1　新版K式発達検査 2020（著者作成）

検査の種類	直接法・診断的
検査の特徴	発達項目は、ゲゼルの考えを参考に「姿勢・運動」「認知・適応」「言語・社会」の3領域に分類されている。領域別および全領域の発達年齢、発達指数が算出できる。 発達の様相の指標となる行動や反応を乳幼児から効率よく引き出せるように、子どもにとってなじみのある材料（ガラガラ、積木、ミニカーなど）を用いた課題が提示され、その反応や回答をもとに評価する。 乳幼児健康診査、特別支援教育、児童相談所などで広く用いられている。
適用年齢	0 〜成人
最新発行年	2020 年
所要時間（分）	15 分〜 1 時間程度（幼児は約 30 分程度）

表 10-2　遠城寺式乳幼児分析的発達検査法（図 10-3 参照）（著者作成）

検査の種類	直接法・スクリーニング
検査の特徴	「運動」「社会性」「言語」の3つの領域（各領域2分野に分かれる）の発達状況が分析的に評価できる。短時間で簡便に実施できる。いくつかの項目は、実際に子どもに道具（ガラガラ、ミニカー等）を提示し、その様子を観察して評価する。 対象児の暦年齢相当の問題から開始し、その問題が合格であれば上の問題に進み、不合格が3つ続けば、多くの場合それ以上検査を進める必要はない。下の問題にも合格が3つ続けば、それ以下の問題は検査しなくてもよい。このような方法で各領域の問題を順次検査し、合格、不合格を○×で問題のところに記入する。結果はプロフィールに表される。
適用年齢	0 〜 4 歳 8 か月
最新発行年	1977 年
所要時間（分）	15 分程度

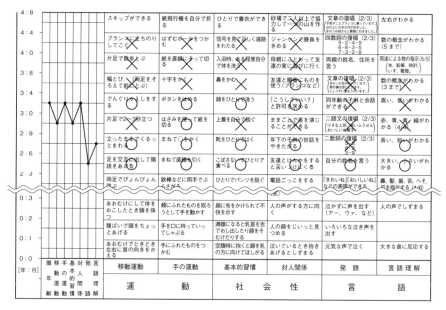

図 10-3　遠城寺式乳幼児分析的発達検査法（一部）

（遠城寺, 2009 より）

表 10-3　デンバー発達判定法 (DENVER Ⅱ)（著者作成）

検査の種類	直接法・スクリーニング
検査の特徴	米国で 1967 年に開発されたスクリーニング検査 Denver Developmental Screenig Test (DDST) の改訂日本版である。乳幼児の相対的な発達の遅れと早さが短時間に、簡便に判定できる。「個人－社会」「微細運動－適応」「言語」「粗大運動」の 4 領域、合計 125 の判定項目からなる。記録票には、領域別に各検査項目について、標準的な子どもの 25%、50%、75%、90% がその項目を達成する年月齢が帯状に枠（標準枠）で図示され、年齢が進むにつれて左から右に階段状に積み上がる形で並んでいる。記録票に対象児の年月齢線を引き、その年月齢線にかかる項目や前後の項目の合否を評価し、それらの結果より判定する。
適用年齢	0 〜 6 歳
最新発行年	2003 年（現在販売停止中）
所要時間（分）	10 〜 20 分程度

表 10-4　乳幼児精神発達質問紙（0〜3歳まで　および　3〜7歳まで）(著者作成)

検査の種類	間接法・スクリーニング
検査の特徴	「津守・稲毛式」の呼称で知られる質問紙である。子どもをよく知る養育者（保育者）に実施する。子どもの日常生活でよくみられる行動項目についての質問で構成されているところが特徴といえる。質問紙は、1〜12か月用紙、1〜3歳用紙、3〜7歳用紙の3種類がある。「運動」「探索・操作」「社会」「生活習慣」「言語」の5つの領域から構成されている。各領域の得点は、発達輪郭表にプロットすることで発達のバランスを視覚的にとらえることができる。また、項目にある日常生活の様子を養育者から聴取することで、発達状況だけでなく、家庭や親子関係を把握しやすいというメリットがある。ただし、作成されて50年以上が経過し、社会状況の変化に伴い発達の様相が変化している項目があるので、結果解釈の際にはその点を留意する必要がある。
適用年齢	0〜7歳
最新発行年	0〜3歳（1961年）、3〜7歳（1965年）
所要時間（分）	20〜30分程度

表 10-5　KIDS 乳幼児発達スケール (著者作成)

検査の種類	間接法・スクリーニング
検査の特徴	KIDS=Kinder Infant development Scale 保護者など対象児について日頃の行動をよく観察している人が回答する。乳幼児の自然な行動全般から発達をとらえることができ、短時間でどこでも実施できる。「運動」「操作」「理解言語」「表出言語」「概念」「対子ども社会性」「対成人社会性」「しつけ」「食事」の9領域からなる。検査用紙は、A（1か月〜11か月用）、B（1歳0か月〜2歳11か月用）、C（3歳0か月〜6歳11か月用）、T（0〜6歳児：発達遅滞児向け）の4つのタイプがある。 領域別発達プロフィール、領域別発達年齢と領域別発達指数、総合発達年齢と総合発達指数が算出できる。
適用年齢	1か月〜6歳11か月
最新発行年	1989年
所要時間（分）	10〜15分程度

b　知能検査

表 10-6　WISC- Ⅴ知能検査（著者作成）

検査の種類	直接法・診断的
検査の特徴	WISC- Ⅴ = Wechsler Intelligence Scale for Children-Fifth Edition 米国で 1939 年に開発されたウェクスラー児童用知能検査（WISC）の改訂第 5 版日本版である。世界の数多くの国で利用されており、わが国でも最もよく利用されている知能検査である。 16 の下位検査（主要下位検査：10、二次下位検査：6）で構成され、FSIQ（全体的な知能の総合指標）を含め 11 の合成得点が算出できる。算出された得点は、FSIQ レベル、主要指標レベル、補助指標レベルの 3 つのレベルで解釈ができる。 主要指標レベルには、「言語理解指標」「視空間指標」「流動性推理指標」「ワーキングメモリー指標」「処理速度指標」の 5 つの指標がある。 補助指標レベルには、「量的推理指標」「聴覚ワーキングメモリー指標」「非言語性能力指標」「一般知的能力指標」「認知熟達度指標」の 5 つの指標がある。 これらの指標を個人のニーズに応じて評価し解釈することにより、有効な支援の手立てや指針を得ることができる。
適用年齢	5 歳〜 16 歳 11 か月
最新発行年	2021 年
所要時間（分）	45 〜 80 分

表 10-7　田中ビネー知能検査Ⅴ（著者作成）

検査の種類	直接法・診断的
検査の特徴	ウェクスラー式知能検査とならび、わが国で広く用いられている知能検査である。1987年版までは、ビネー式の特徴である精神年齢と生活年齢の比による知能指数が算出されていたが、本検査では、14 歳以上では偏差値知能指数だけが算出されるようになった。 14 歳以上では、「結晶性」「流動性」「記憶」「論理推理」の 4 分野と総合についての偏差値知能指数を算出することができる。
適用年齢	2 歳〜成人
最新発行年	2005 年
所要時間（分）	60 分〜 90 分程度

表 10-8　日本版 KABC- Ⅱ（著者作成）

検査の種類	直接法・診断的
検査の特徴	KABC- Ⅱ = Kaufman Assessment Battery for Children- Ⅱ 米国で開発された知能検査 K-ABC の改定版である。子どもの知的能力を認知処理過程と知識・技術の習得度の両面から評価し、得意な認知処理様式を見つけ、それを子どもの指導・教育に活かすことを目的としたものである。 認知処理が、「継次処理」「同時処理」「学習能力」「計画能力」の 4 つの能力から測定され、習得度は、「語彙」「読み」「書き」「算数」から測定される。
適用年齢	2 歳 6 か月〜 18 歳 11 か月
最新発行年	2013 年
所要時間（分）	認知検査：約 15 〜 70 分、習得検査：約 10 〜 50 分

c 特定の領域に焦点を当てた検査

①適応行動（生活能力）のアセスメント

新版 S-M 社会生活能力検査第3版

社会生活能力を「自立と社会参加に必要な生活への適応能力」と定義し、子どもの日ごろの様子から社会生活能力の発達をとらえる質問紙検査です。「身辺自立」「移動」「作業」「コミュニケーション（意志交換）」「集団参加」「自己統制」の6領域から構成されています。適用年齢は、乳幼児から中学生です。

表10-9および図10-4は、保育所の年長組に在籍し、4歳時に注意欠如・多動症（ADHD）の診断を受けた男児の検査結果です。就学に向けて支援の方向性を考えるために本検査を活用した事例として紹介されています（旭出学園教育研究所編, 2015）。紙面の都合上詳細は割愛しますが、プロフィールをみると、強い領域と弱い領域が視覚的によくわかります。検査結果をもとに、強い領域

表10-9　S-M 社会生活能力検査結果（事例）

生活年令（CA）		6才7か月	回答者	担当保育士・母親
全検査社会生活年令（全検査SA）		5才4か月	社会生活指数（SQ）	81
領域別社会生活年令 （領域別SA）	身辺自立（SH）	6才6か月	意志交換（C）	6才8か月
	移動（L）	5才7か月	集団参加（S）	5才5か月
	作業（O）	5才1か月	自己統制（SD）	2才9か月

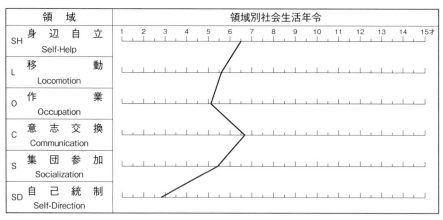

図10-4　S-M 社会生活能力検査結果（事例）：プロフィール

（表10-9, 図10-4：旭出学園教育研究所, 2015 より）

を活かし、弱い領域に対して適切な支援がなされています。

②自閉スペクトラム症（Autism Spectrum Disorder：ASD）のアセスメント

M-CHAT 日本語版

M-CHAT（Modified Checklist for Autism in Toddlers：乳幼児自閉症チェックリスト修正版）は、ASD の早期発見・早期支援のためにもっとも簡便で有用なスクリーニング検査として、多数の国々で用いられています。日本においても一部の地域では、1歳半健診で用いられるようになってきています。16 ～ 30 か月の乳幼児の親が記入する全 23 項目の質問紙です。

定型発達児では1歳半までにみられる「人への興味」「共同注意行動」「模倣」などに関する項目や ASD に特異的な知覚反応や常同行動に関する項目が含まれています。

ASD が疑われる場合は、約1か月後に保健師や心理職が親に電話で不通過項目を中心に発達状況を確認します。その段階で一定数の不通過項目があった場合には、個別面接による対象児の行動観察や発達検査など、複数の尺度を用いて発達評価を行います。このような2段階のスクリーニングを経て、さらに個別の詳細な行動観察検査や養育者面接法によって診断やアセスメントが行われます。

③情動と行動のアセスメント

日本版 SDQ

SDQ（Strengths and Difficult Questionnaire：子どもの強さと困難さアンケート）は、英国のグッドマンらによって開発された、発達障害を含むすべての子どもを対象とした行動のスクリーニング質問紙です。困難さに関する「行為」「多動」「情緒」「仲間関係」の尺度と強さに関する「向社会性」の尺度、各5つの下位尺度、全 25 項目からなります。子どもの困難さ（苦手）だけでなく、強さ（得手）も評価できることがこの検査の特徴といえます。

日本版 SDQ は、神尾らによって4歳から 18 歳までの子どもの親評定、教師評定、自己評定（高校生のみ）のデータをもとに標準化が行われ、日本版

SDQ ウェブサイト（https://ddclinic.jp/SDQ/index.html）上に公表されています。男女別、年齢帯別、評定者別の平均得点を参照すれば、解釈の手がかりとなり、子どものメンタルヘルスの支援に役立てることができるでしょう。

④言語発達のアセスメント

PVT-R 絵画語い発達検査（Picture Vocabulary Test-Revised）

2008 年に上野らによって開発された、言語の理解力の中でもとくに基本的な「語いの理解力」の発達度を短時間（15 分程度）で正確に測定する検査です。適用年齢は、3 〜 12 歳 3 か月です。

4 コマの絵の中から、検査者の言う単語に最もふさわしい絵を選択させるという、わかりやすい手法を用いています。簡便であるため、ことばや知的発達に遅れのある子どもなどの言語発達段階をおおよそ推定するスクリーニングに利用することもできます。

保護者が保育者に望むこと

　保育所や幼稚園においては、子どもの保育だけではなく、保護者に対する支援が求められています。しかし現実には、保護者支援に対して難しさを感じている保育者が少なくありません。黒川らによると、保育者が関わりが難しいと感じている保護者像には、「自己中心的な発言が多い」「職員の助言を聞き入れない」などがあげられ、保護者が保育者の助言や指導を受け入れないと感じている様子がうかがえます。一方、久保山・小林は、保護者が保育者に求めているのは、保護者の話を聞くことであり、その話をふまえた対応であると指摘しています。これらのことから、保育者と保護者がお互いに理解し合えず不満を感じている様子がうかがえます。すなわち、相互の信頼関係が十分に築けていない実態があるのではないかと考えられます。

　人は、信頼感や安心感をもつことができない相手の話を聞き入れることができませんし、心を開いて話をすることもできません。保育者は、保護者と信頼関係を結ぶために、まず保護者の話に耳を傾けて、保護者の心に十分に寄り添うことが大切です。

　そのためには、まず、毎日の登園や降園時のあいさつや、何気ない会話の積み重ねが意味をもちます。あいさつは、きちんと相手に届いているか、笑顔を忘れていないか、などを振り返り、あいさつ一つひとつを大事に扱うことがはじめの一歩です。

　また、ゆったりとした余裕のある態度を心がけることも大切です。「忙しそうで話かけられない」などと、保育者と話をしたくても十分に話ができないという保護者の声を聞くことが少なくありません。

　保護者の話を聴く際には、相手の話を途中でさえぎったりせず、最後までよく聴くこと、相手の話に耳を傾けることが大切です。保護者一人ひとりの個性や価値観を尊重し、保護者の思いや考えに対し共感的な態度で理解しようと努めましょう。

　気になる問題をもつ子どもの場合には、子どものよい面、よい変化に目を向け、そのことを保護者に伝えます。保育者がそのような眼差しで子どもと接することで子どもともよい関係が育まれ、ひいては保育者と保護者のよい関係にもつながると考えます。

第 **11** 章 乳幼児期の保育と子育て支援

　　多くの動物は親と同じ方法でわが子を育てます。ところが人間の場合は、そうはいきません。子育て期間が長期間に及ぶうえに、子育て環境の急速な変化によって、親の世代と同じやり方が通用しなくなってしまうからです。

　　これまで学んできた乳幼児期の発達をふまえ、本章では、社会状況にあわせて変化してきた保育の方法、現代社会の子育てが抱える問題、そしてどのような子育て支援が求められているかについて、子育ての歴史や制度の変遷をふり返りながら学んでいきましょう。

1節　乳幼児の保育に関する考え方の変遷

▶1　3歳児神話

「赤ちゃん」とよばれる乳児期から、3歳ごろまでの幼児はつねに大人がそばにいて、安全に配慮しながら保育をする必要があります。そして多くの人に、そばにいる大人は「母親」でなければならないと考えられていた時代がありました。みなさんは「**3歳児神話**」ということばを耳にしたことがあるでしょうか。3歳児神話とは「3歳までは母親が子育てに専念すべきだ」という考え方で、愛着理論の提唱者でもあるジョン・ボウルビィが1951年に世界保健機関（WHO）の委嘱で行った戦争孤児の調査報告書の中で、乳幼児期における母子の結びつきの重要性を指摘したことに契機があるとされています。

　ボウルビィ自身は乳児が愛着（アタッチメント）関係を形成する相手が母親でなければならないと言っていたわけではなく、乳児は生まれてすぐに、特定の養育者と愛着関係を結ぶ傾向があり、多くの場合それは母親である、ということを述べたのですが、それが「3歳までの子どもは母親の手で育てられるべきであり、乳幼児を育てる母親は、仕事よりも育児に専念すべき」という考え方に結びついてしまったのです。日本では、この考え方が広がった時期が第二次世界大戦後の復興と高度経済成長の時期とも重なり、生産労働に全力投球する男性と家事と子育てを一手に引き受ける女性という**性別役割分業**を肯定する根拠にもなりました。

　21世紀に入り、**共働き世帯**の数が**専業主婦世帯**の数を上回り、結婚や出産を機に仕事をやめる女性が急減していますが、いまだに育児のほとんどは母親が引き受けているという家庭が多数派です。2016年の総務省の調査によれば、6歳未満の子どもをもつ母親が育児に費やす時間の平均値は、1日あたり3時間45分であるのに対して、男性の平均は49分となっています。もっとも、1996年に実施されたこの調査の男性の平均育児時間はわずか18分でしたから、父親の育児参加が大幅に増加してきたことは間違いありません。母親と父親の

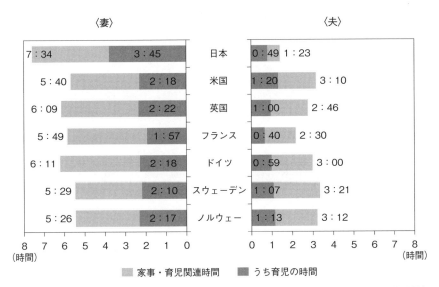

図 11-1　６歳未満の子どもをもつ夫婦の家事・育児関連時間（1日あたり、国際比較）
（男女共同参画局, 2020）

家事や育児に費やす時間の格差は、欧米先進国のデータ（図 11-1）に比較して
も突出しています。このような、日本の男性の家事、育児時間の少なさの背景
には、一般的なサラリーマンの労働時間の長さがあります。2017 年にリクルー
トが行った調査では、週５日勤務の正社員、一般職と限定した中でも、男性は
月平均労働時間が 200 時間以上の割合が４割を超えているのに対して、女性は
２割以下で、女性より男性のほうが長時間労働の傾向が顕著でした。

　子育ての歴史的変遷について詳述することは、本書の目的ではありませんが、
時代や文化のもたらす社会的背景が「子ども観」や「保育観」に及ぼす影響を
無視することはできません。世界に視野を広げれば、私たちが当たり前だと信
じている子育ての方法が、当たり前ではない国や地域もあります。保育や子育
て支援に関わるにあたっては、時代や文化の違いを超えて普遍的な子どもの発
達の原理を理解する一方で、社会環境の変化を視野に入れながら子どもとその
家族の幸せにつながる保育や、家族支援の方法を模索していくことが必要とな
ります。

▶2　近代以前の保育の担い手

　日本における子育ての歴史をふり返ると、すでに江戸時代には数多くの「育児書」が書かれていますが、そのほとんどは父親に向けていかに立派な跡継ぎを育てるかを説いたものだったようです。この時代には身分の高い女性は子育てのような雑事を自分ですべきではないという考え方から、子どもの世話やしつけを担当する乳母を雇うことが行われていました。屋敷の中に複数の奉公人の家族が暮らし、子どもたちが一緒に育つ例もみられたようです。明治、大正期になると公教育制度の普及に伴って、学校教育を補完する家庭教育の担い手として母親の役割が重視されるようになっていきます。いわゆる「**良妻賢母**」が女性の理想像とされ、それまで主に跡継ぎを産んで世話をすることだった母親の役割に子どもの教育の責任が加わります。一方、農村や漁村などでは、嫁は貴重な生産労働力であり、乳幼児の世話は主に高齢で体力の衰えた祖父母や、雇われた若年の子守り、兄姉に任せられていました。また、お宮参り、初節句、七五三等の子どもの通過儀礼を通して、家族、親族だけでなく近隣の人々も関わって子どもの成長を見守ることが一般的であり、乳付け親、名付け親、拾い親などとよばれる多くの**仮親**風習もありました。現在のように医療が進んでいない時代においては、出産を機に母親が命を落とすことも稀ではなく、村の共同体の生活の中に、さまざまな**相互支援のシステム**が用意されていたと考えられます。

▶3　性別役割分業家族と地域社会

　先述したように、育児システムの大きな転換は、第二次世界大戦後の急速な経済成長と産業構造の変化によってもたらされました。この時期に日本経済を支える産業は、農業を中心とした第一次産業から、第二次、第三次産業へと転換し、多くの労働者が都会で生活するようになりました。生産労働を担う夫と、家庭生活の全責任を担う妻という性別役割分業家族が一般化したのです。核家族のサラリーマン家庭が多数派になるにつれて、子どもの数を制限して一人ひとりの子どもにできるだけ質の高い教育を与え、将来有利な職業につかせたい

とする親の意識が生まれました。人口が都市に集中することにより、若年夫婦が確保できる居住空間が手狭であったことも、少子化に拍車をかけます。そこから「少なく産んでよりよく育てる」育児戦略が広がっていきます。こうして「企業戦士」となることをいとわぬ父親と、時間と労力のすべてを、少数の子どもの教育に費やす母親の組み合わせからなる家族の形が定着していきます。

ただし、男性がサラリーマンとして働き、女性が専業主婦として子どもの世話と教育を一手に引き受けるようになった時代にも、まだ地域の相互扶助組織は存在しました。たとえば、多くの企業は福利厚生の　環として「社宅」を用意し、家族ぐるみの行事を催すなど、会社がつくる共同体がその役割を果たしていました。また、母親たちが中心となって活発に行われていた PTA も子どもたちのための学校運営サポートをいう役割を超えて、地域の保護者同士の交流を支えていました。多くの場合、幼稚園や小学校は近隣地域に居住する子どもたちが集まる場所ですから、そこでつくられる保護者組織が地域社会のつながりを維持することに一役買っていたのは自然なことでした。

▶ 4　女性の社会進出と共働き世帯の増加

しかし、1990 年代のバブル崩壊以降は、それまで主流だった正社員としての雇用制度が崩れ、男性の終身雇用や安定した収入が必ずしも保障されなくなります。一方で、性差別のない学校環境で高等教育を受け、1986 年に施行されて以降徐々に定着した男女雇用機会均等法のもとで結婚後も働き続ける女性は増加し、共働き世帯が専業主婦世帯を上回るようになっていきました（図11-2）。その結果、専業主婦の母親が 1 人で子育てを担うことを前提とする家族モデルは急速にその姿を変えていきます。

それでも、2000 年ごろまでは、出産を機に仕事をやめて子育てに専念する女性は多数派で**年齢階級別労働力率**は、**M 字型のカーブ**を描いていましたが、その後は、20 代後半から 30 代前半の子育てのための離職の谷は年々浅くなっています（図11-3）。

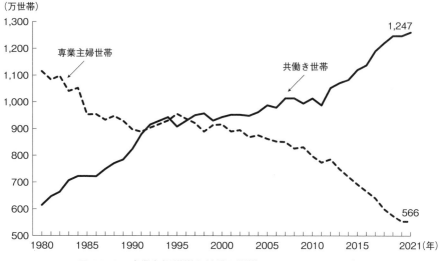

図11-2　専業主婦世帯と共働き世帯　1980〜2021年
（労働政策研究・研修機構, 2022）

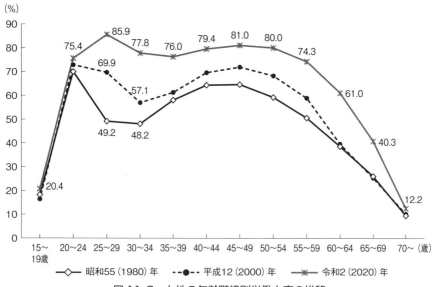

凡例：◇ 昭和55 (1980) 年　●-● 平成12 (2000) 年　＊ 令和2 (2020) 年

図11-3　女性の年齢階級別労働力率の推移
（男女共同参画局, 2022）

▶5　孤立化する家族

　日本においては、第二次世界大戦後に公布された新しい憲法のもとで、結婚観、家族観が大きく変貌しました。その後の産業構造の変化と、都市部への人口集中は核家族化を推し進め、21 世紀に入ってからは、少子高齢化と単身世帯の増加が顕著になりました。こうした家族構造の変化により、地縁、血縁による家族と家族のつながりが希薄化しています。

　2003 年に「個人情報の保護に関する法律」（以下「**個人情報保護法**」といいます）が公布されました。この法律ができた背景として、インターネット等の情報通信技術の急速な発展により、個人情報の流出によるプライバシーの侵害の危険性が高まったことがあげられます。

　グローバル化が進む高度情報社会において、個人情報を保護する制度は必要ですが、この法律の施行と**プライバシー意識**の高まりは、地域社会における人と人とのつながりを希薄化することに拍車をかける側面があったことも否めません。たとえばこの法律の施行以前、地域の自治会では当たり前のように住所録や電話番号簿が作成され、どの家に誰が住んでいるかが容易にわかりました。学校でも児童名簿や連絡網が配られ、それを見れば、クラスの友だちの誰が近所に住んでいるのか一目瞭然で、保護者同士も簡単に連絡を取り合うことができました。しかし、現在の法律に照らせば、住所や電話番号は厳重に管理すべき個人情報であり、使用目的を限定せずに公開されることはありません。かつては地域ぐるみでお祝いした結婚や出産も、プライベートな出来事となり、隣の家に赤ちゃんが生まれたとしても、時折子どもの泣き声が聞こえるようになったとか、ベビー服が干されていることから推察するしかありません。夫婦と子どもを単位とした核家族の増加は近年始まったことではありませんが、21世紀に入って、高度な情報化社会に対応してつくられた個人情報保護のしくみは、結果的に核家族の孤立化をさらに進める方向に働いてしまった側面があります。

　歴史的にみても、人間が子育てを母親あるいは両親だけで担ってきた例はほとんど見当たりません。いつの時代にも、何らかの形で地縁、血縁による相互

扶助のしくみがありました。専業主婦が子育てを引き受けていた性別役割分業の時代でも、多くの母親は、地域社会のネットワークをつくり相互に助け合っていました。しかし、少子化と核家族の孤立化が進み、身近に子育ての姿を目にする機会が減少し、育児不安や虐待が増加する現代社会においては、意図的にセーフティーネットとなる支援のしくみをつくらなければ、親にとって子育てはあまりにも孤独で負担の重いものになってしまいます。

2節　保育需要の拡大と乳幼児教育への関心の高まり

▶1　3歳児神話の見直し

1998年に厚生省（現厚生労働省）から出された「平成10年版厚生白書」の中に「三歳児神話には，少なくとも合理的な根拠は認められない」と題して、以下のような記述があります。

> 三歳児神話は，欧米における母子研究などの影響を受け，いわゆる「母性」の役割が育児書などでも強調され，1960年代に広まったといわれる。そして，「母親は子育てに専念するもの，すべきもの，少なくとも，せめて三歳ぐらいまでは母親は自らの手で子どもを育てるべきである」ことが強調され続けた。その影響は絶大で，1992（平成4）年に行われた調査結果においても，9割近い既婚女性が「少なくとも子供が小さいうちは，母親は仕事をもたず家にいるのが望ましい」という考えに賛成している。しかし，これまで述べてきたように，母親が育児に専念することは歴史的に見て普遍的なものでもないし，たいていの育児は父親（男性）によっても遂行可能である。また，母親と子どもの過度の密着はむしろ弊害を生んでいる，との指摘も強い。欧米の研究でも，母子関係のみの強調は見直され，父親やその他の育児者などの役割にも目が向けられている。三歳児神話には，少なくとも合理的な根拠は認められない。

　さらにこの白書では乳幼児期の基本的信頼感は、母親がつねに子どものそば
にいなければ形成されないというものではないこと、子どもにとっては愛情を
もって子育てする者の存在が必要なのであって、それは母親以外の者であるこ
ともありうるし、母親を含む複数人であっても問題視すべきものではないこと、
両親が親として子育て責任を果たしていく中で、保育所や地域社会などの支え
も受けながら、多くの手と愛情の中で子どもを育むことができれば、それは母
親が 1 人で孤立感の中で子育てするよりも子どもの健全発達にとって望ましい
ことなどが述べられており、その後の行政的支援も女性の子育て負担を軽減し、
仕事との両立をいかに支えるかということに、重点が置かれるようになってい
きました。こうした、行政的施策の後押しもあって、**育児休業制度**とさまざま
な**子育て支援制度**を利用することで、出産後も子育てと仕事を両立させる女性
が増え続けており、地域による差はあるものの、乳幼児期の保育需要が増大し
ています（図 11-4）。

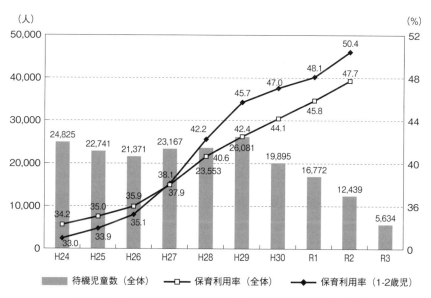

図 11-4　保育所等待機児童数および保育所等利用率の推移
(厚生労働省, 2021)

▶2　乳幼児期の教育への投資効果

　日本では、1999年に「**男女共同参画社会基本法**」、そして2003年に「**少子化対策基本法**」が施行され、女性が出産後も仕事を続けることを奨励するさまざまな政策が実施されてきました。加えて、2012年には、「**子ども・子育て支援法**」が公布され、2019年の同法改正によって、原則として3〜5歳の**幼児教育が無償化**されるなど、かつてないほど子育てや乳幼児期の教育に関心が向けられさまざまな政策が実行されています。

　近年の幼児教育への関心の高まりは日本だけのことではありません。第1章でも取り上げましたが、2013年に「労働経済学」というこれまで乳幼児の保育とは無縁と思われていた分野の研究者が「乳幼児期に経済的投資をすることは、投資効果が絶大である」という見解を発表したことは、多くの先進諸国の教育施策に影響を与えました。研究者は**ジェームズ・ヘックマン**というアメリカの経済学者で、彼の理論の根拠となったのは「ペリー就学前プロジェクト」という1962年に開始された研究です（18頁参照）。

　この研究は、極端な貧困とそこから派生する生活習慣やしつけの問題を抱える子どもたちを対象に行われたものであり、一般家庭の子どもたちに当てはめて「幼児期への教育的投資への経済効果」を強調することには慎重である必要があります。しかしながら、従来発達心理学の中でいわれてきた、乳幼児期の養育者との愛着や、子どもの自律性、自発性を尊重した関わり、コミュニケーション意欲を高める応答的で豊かな環境が心身の健全な発達にいかに重要であるかということが「経済的投資効果」という観点から実証的に明らかにされたことは、乳幼児期の教育施策の充実に向けて大きな意味をもっています。

▶3　非認知能力の重要性

　私たちが生まれ落ちた環境に適応し、社会生活を営み、人生を生き抜いていくためには、幅広い能力が必要とされますが、その能力を「認知的なもの」と「非認知的なもの」に分ける考え方があります。認知的なものとは知能テストや学力テストで測定できる知的能力を指し、知識、言語や数概念の理解力、論

理的思考力、空間認知と操作の力などが含まれます。そして非認知的なものとは大まかにそれ以外の内容で、環境に適応し、感情や行動をコントロールして他者と協調しながら自己実現を果たしていくための力です。**社会情動的スキル**ともよばれ、自律性、社交性、自尊感情などが含まれています。経済開発協力機構（以下、OECD）による青年期を対象とした世界 9 か国の国際調査によると、**認知能力**の高さはその個人の高等教育への進学、卒業、就労などを予測し、**非認知能力**の高さは、心身の健康、主観的な幸福感、問題行動の少なさを予測するとされています。

　また、ヘックマンの研究では、幼児期に教育的介入を受けた子どもたちが獲得したどのような能力が、その後の人生を大きく変えたのかという点についての分析が行われています。介入を受けた子どもたちの知能指数は介入直後から、大幅に伸びました。しかし、学校教育が開始されると知的能力に関しては介入を受けなかった群の子どもたちがまもなく追いつき、両群の差がなくなったのです。ヘックマンは、両群の 40 歳時点での経済的な安定や、健全な市民生活を送れるか否かを分けるのは、知能検査で測れるような認知的な能力の差ではなく非認知的な能力の差、幼児期に適切な教育環境の中で身につけた、「**目標指向性**」「**人間への信頼感**」「**協調性**」「**情動のコントロール力**」等の「社会情動的スキル」を身につけたことにより、社会生活への適応能力が高まったのではないかと考察しています。

　OECD の調査報告書によると諸外国における幼児期の保育カリキュラムはおおむね「**就学準備型**」と「**生活基盤型**」に分かれます。これは言い換えれば幼児教育で「学校への準備教育」としての認知能力重視のカリキュラムを実施するか、「幼い子どもの基本的欲求の保障と全人的な教育」を重視して非認知能力重視のカリキュラムを実施するかという違いです。アメリカでは 1960 年代から「ヘッドスタート計画」として、貧困層の幼児に意図的に認知的能力を高める教育の機会を与えることが行われてきました。小学校入学の時点で、貧困家庭の子どもたちとそうでない家庭の子どもたちは、明らかに認知能力の差があり、この差を少しでも縮め、公平なスタートラインに立たせることが目的

だったのです。ヘックマンが紹介した研究が開始されたのもこの時代ですから、おそらく当時の保育施設では認知能力の育成に力を入れたカリキュラムが実施されていたと思われますが、結果的に将来人生の成功に役立ったのは、カリキュラムの中で重視されていたはずの認知能力ではなく、意図せずに身につけた非認知能力だったのです。おそらく、新しい課題に取り組む際の保育者からの励ましや、失敗したときの慰め、成功したときに与えられる賞賛などの適切なフィードバックが、目標達成に向けて努力する根気強さの源になり、保育者の安定した情緒的な関わりと豊かなコミュニケーションが、人間への信頼感を培い、ルールや順番を守ることで成立する仲間とのあそびや共同作業が情動のコントロールや協調性を養うことにつながったのではないでしょうか。

そして日本の場合、保育のガイドラインとしての**幼稚園教育要領**や、**保育所保育指針**においては、主として「生活基盤型」の保育が目指されてきました。とくに、1989 年に幼稚園教育要領が改訂された際には、幼児が主体的に環境に関わって成長発達することや、心情・意欲・態度を育てることが重視されるようになり、それまで小学校における教科教育とのつながりで設定されていた「健康」「社会」「自然」「言語」「音楽リズム」「絵画製作」の 6 領域が、幼児期の発達的特性に合わせ「健康」「人間関係」「環境」「言語」「表現」の**5領域**に変更されたという経緯があります。ただし、幼児教育は義務教育ではないので実際の教育内容は各施設の裁量に任されている部分が大きく、保育施設によって大きなばらつきがあります。

OECD が、2012 年 1 月に開催した就学前教育・保育ハイレベル円卓会議において、バーバラ・イッシンガー教育局長は、「幼児教育・保育は様々な恩恵をもたらし得るが、どの程度の恩恵をもたらすかはその質が影響する。質を考慮せずにサービスの利用を拡大しても、子どもによい成果はもたらされず、社会の長期的な生産性が向上することもない。実際、調査研究によれば、質の低い幼児教育・保育は子どもの発達に好影響をもたらすどころか、長期的な悪影響を及ぼしかねない」と述べています。

日本における近年の乳幼児保育は、出産後も働き続ける女性の急激な増加に

伴って増大した保育需要にこたえるために、まず量の確保が優先されてきた面があります。しかし、今後はあらゆる保育施設において質の高い幼児教育が提供できるような施策を考えていくことが求められています。

3節　乳幼児期の保育に関わる問題点

　この章では、社会状況の変化によって子育ての担い手や方法が変化してきたこと等を取り上げ、人間の子育ては母親だけが行うものではなく乳幼児期の家庭以外の場での保育はたんに家庭保育の補完にとどまらず、その内容の豊かさによっては、将来の人生に継続的なプラスの影響を及ぼす可能性があることについても触れてきました。しかしながら、現代日本の保育所や幼稚園、こども園での保育が子どもたちの発達に即して、最善の利益を保障するに足るものなのかという点については、一考の余地があります。

▶1　1人の保育者が受け持つ子どもの数

　児童福祉法に基づき定められた「**児童福祉施設の設備及び運営に関する基準**」によれば、「保育士の数は、乳児おおむね三人につき一人以上、満一歳以上満三歳に満たない幼児おおむね六人につき一人以上、満三歳以上満四歳に満たない幼児おおむね二十人につき一人以上、満四歳以上の幼児おおむね三十人につき一人以上とする」とされています。また、学校教育法に基づいて定められた幼稚園設置基準においては1学級の人数が35人以下を原則としており、担任教諭は各学級に原則1名となっています。

　先述の厚生労働省が出した白書の中に「子どもにとっては愛情をもって子育てする者の存在が必要なのであって，それは母親以外の者であることもあり得るし，母親を含む複数人であっても問題視すべきものではない」という記述がありました。それは間違ってはいないと思うのですが、1歳児6人に対して1人の保育士、4歳児30人に対して1人の保育士が行う保育の中で、すべての子どもたちが保育士への愛着を形成し、欲求が十分に満たされ、安心して自己

を十分に発揮して過ごすことが可能なのでしょうか。

　ヨーロッパやオセアニアの主要先進国をみる限り、３歳未満児においては、保育士１人が担当する子どもの数は平均して５人以下、３歳以上児では６〜13人で、いずれも日本の基準よりかなり少なくなっています。日本における30人１クラスという保育所のクラスサイズが幼児期の生活環境として適切なのか、１人の幼稚園教諭が35人の子どもの状態を把握し、一人ひとりのニーズを理解して十分な援助をすることが可能なのか、「保育の質」の改善には、保育内容以前の課題が残されています。

▶2　ゆとりのない家庭での生活時間

　かつて、母親１人に育児の責任を負わせ、女性が社会で活躍することを妨げていたいわゆる「３歳児神話」が否定され、女性が出産後も仕事を続け、保育所や認定こども園を活用しながら夫婦が協力して子育てするライフスタイルが定着しつつあります。この状況は、男女共同参画社会の推進という意味で評価できるものですが、一方で保護者が共稼ぎ、あるいはひとり親で、保育施設を利用している家庭の生活は、子どもの発達を保障する環境として十分とはいえない現状があります。

　2015年にベネッセ教育総合研究所によって実施された調査によると、保育所を利用している子どもの平均利用時間は９時間34分に及び、10時間以上過ごす子どもも４割近くいます。フルタイムで就労している人の労働時間は８時間が一般的ですから、昼休みを加えて、保育所から職場までの通勤時間を考えるとやむをえない時間です。中には、通勤時間が長かったり、日常的に超過勤務が避けられなかったりして、保育所開所時間の午前７時から閉所時間の午後８時まで預けられている乳幼児や、ベビーシッターが迎えに来て保護者の帰宅まで再度保育を行う「二重保育」を利用している家庭もあります。乳幼児期に必要な睡眠時間は、３〜５歳児で11〜13時間とされていますから、このうち昼寝で１時間を確保するとしても10時間は家庭での睡眠時間が必要になります。保育時間プラス往復の通所時間、睡眠時間等を除くと、子どもが平日家庭

で過ごす時間は平均して3時間程度であり、保護者はこの間に食事や入浴など
の子どもの世話と、その他の家事をこなすので精いっぱいです。結果的に子ど
もの欲求を十分に満たして親子でふれ合う時間を確保することや、子どもが自
発的に行動することを、ゆとりをもって待つことが難しくなり、子どもと一緒
に過ごす限られた時間の間も、頭の中では次の予定や段取りを考えているとい
うのが現状です。

　法律に定められた、保育所における子どもの保育時間は原則として1日につ
き8時間とされており、乳幼児の保護者がこの基準を守れるような働き方が可
能になればもう少し余裕をもって親子が関われるのですが、なかなか実現は難
しいようです。働き方を変えることは人生の中で何を大切に考えるかという価
値観に関わることであり、子育てにかける時間に価値を見出せない社会では、
少子化に歯止めをかけることは難しいでしょう。

　エリクソンは、壮年期の心理社会的危機として「世代性」をあげています。
この時期に、積極的に次世代育成に取り組むことが人としての成長を促し、そ
の後の人生の充実をもたらすことにつながると考えていたようです。平均寿命
が男女ともに80歳を超え、100歳まで生きることがめずらしくなくなった時
代において、人生のキャリアは、職業選択にとどまらず、何を大切にして生き
ていくかという、人生観に関わるものです。したがって、キャリア教育の一環
として、ライフサイクルと生涯発達の理論を学ぶことや、次世代を担う子ども
を育てることに十分な時間を割くことの意義を考えることも必要なのではない
かと思います。

　地域環境、政治経済、個人の価値観・人生観、こういったものがすべて子育
てに関わりをもっています。乳幼児期の発達と保育について学ぶことは、人間
社会の未来について考えることにつながっているのです。

出産後の育児支援

　日本では「里帰り出産」とよばれる、母親が出産前後の一定期間を実家で世話を受けながら過ごす習慣が広く行われてきました。母親は出産後、1か月程度の産褥期の間、家事を免除された環境で身体を休め、自分の親から育児技術の伝授を受けつつ、孤独を感じずに新生児の世話に慣れていくことができました。

　しかし、近年では、「里帰り出産」を選ばない、あるいは選べないという場合も多いようです。「夫と一緒に最初から子育てをスタートしたい」いう理由もありますし、「親に縛られず、自分のペースで育児したい」「親が不在・病気・高齢などで里帰りできない」「里帰り先に出産できる病院がない」等の理由もあります。2020年に始まったコロナ禍も里帰り出産を大幅に減少させる原因となりました。

　少子社会の中で育ち、わが子を抱くまで、ほとんど乳幼児と接する機会もないままに育ってきた母親や父親が、二人きりで初めての育児に取り組むことは、教習所に通うこともなくいきなり公道で車を走らせる状況にも似ています。例えば、母親は産後の疲れと睡眠不足の中で、何をしても泣き止まない子どもを前に涙が止まらず、目の前の夫に行き場のない怒りをぶつけます。一方、父親は少しでも妻を楽にしてやりたいと子どもを抱き上げてはみるものの、泣き叫んでいる赤ん坊をどうしてもかわいいと思えない悩みは口には出せません。内心、このまま泣き止まないと「虐待」を疑われ通報されるのではないかとひやひやしています。

　このような状況の親子を支援するために各区市町村が主体となって「妊娠・出産包括支援モデル事業」のさまざまな取り組みを開始しています。たとえば、東京の世田谷区が設置している「産後ケアセンター」では、助産師が24時間常在し、ショートステイ、デイケアなどの形で、産後の母子の心身のケアや育児相談、両親への育児技術の伝達、専門家によるカウンセリングなどを実施しています。

　里帰り出産のような家族資源に頼った産後ケアや育児支援を、社会システムが担う必要があることにもようやく目が向けられるようになってきました。

第1章

Bronfenbrenner, U. 1979 *The ecology of human development: Experiments by nature and design.* Harvard University Press. (磯貝芳郎・福富護 (訳) 1996『人間発達の生態学』川島書店)

遠藤利彦　1998「乳幼児期の発達」下山晴彦 (編)『教育心理学Ⅱ：発達と臨床援助の心理学』東京大学出版会

Erikson, E. H. 1950 *Childhood and society.* Norton. (仁科弥生 (訳) 1980『幼児期と社会1・2』みすず書房)

藤永保・斎賀久敬・春日喬・内田伸子　1987『人間発達と初期環境：初期環境の貧困に基づく発達遅滞児の長期追跡研究』有斐閣

Harkness, S. & Super, C. M. 1994 The developmental niche: A theoretical framework for analyzing the household production of health. *Social Science and Medicine,* 38, 218-226.

Heckman, J. J. 2013 *Giving kids a fair chance: A strategy that works.* MIT Press. (古草秀子 (訳) 2015『幼児教育の経済学』東洋経済新報社)

Huttenlocher, P. R. 1994 Synaptogenesis in human cerebral cortex. In G. Dawson & K. W. Fischer (Eds.), *Human behavior and the developing brain.* Guilford Press.

小西行郎　2012「赤ちゃん学とは何か」小西行郎・遠藤利彦 (編)『赤ちゃん学を学ぶ人のために』世界思想社

子安増生・二宮克美 (編) 2004『キーワードコレクション 発達心理学 改訂版』新曜社

Lorenz, K. 1943 Die angeborenen Formen möglicher Erfahrung. *Zeitschrift für Tierpsychologie,* 5, 233-409.

Lorenz, K. 1950 The comparative method in studying innate behavior patterns. *Symposia of the Society for Experimental Biology,* 4, 221-268.

Markus, H. R. & Kitayama, S. 1991 Culture and the self: Implications for cognition, emotion, and motivation. *Psychological Review,* 98, 224-253.

向田久美子　2017『新訂 発達心理学概論』放送大学教育振興会

鈴木忠・飯牟礼悦子・滝口のぞみ　2016『生涯発達心理学：認知・対人関係・自己から読み解く』有斐閣

鈴木忠・西平直　2014『生涯発達とライフサイクル』東京大学出版会

Werner, E. E. & Smith, R. S. 2001 *Journeys from childhood to midlife: Risk, resilience, and recovery.* Cornell University Press.

第2章

Abramov, I. & Gordon, J. 2006 Development of color vision in infants. In R. H. Duckman (Ed.), *Visual Development, Diagnosis, and Treatment of the Pediatric Patient.* Philadelphia, PA: Lippincott Williams & Wilkins.

Aslin, R. N. & Salapatek, P. 1975 Saccadic localization of visual targets by the very young human infant. *Perception and Psychophysics,* 17, 293-302.

Atkinson, R. C. & Shiffrin, R. M. 1968 Human memory: A proposed system and its control processes. In K. W. Spence & J. T. Spence (Eds.), *The Psychology of Learning and Motivation,* Vol. 2. New York: Academic Press.

Baddeley, A. D. 1990 *Human memory: Theory and practice*. Boston, MA: Allyn and Bacon.

Baron-Cohen, S., Leslie, A. M., & Frith, U. 1985 Does the autistic child have a "theory of mind"? *Cognition*, 21, 37-46.

Bornstein, M. H. 1985 On the development of color naming in young children: Data and theory. *Brain and Language*, 26, 72-93.

Campos, J. J., Langer, A., & Krowitz, A. 1970 Cardiac responses on the visual cliff in prelocomotor human infants. *Science*, 170, 196-197.

Dunning, D. L. & Holmes, J. 2014 Does working memory training promote the use of strategies on untrained working memory tasks? *Memory & Cognition*, 42, 854-862.

Fantz, R. L. 1961 The origin of form perception. *Scientific American*, 204, 66-72.

Fantz, R. L. 1964 Visual experience in infants: Decreased attention to familiar patterns relative to novel ones. *Science*, 146, 668-670.

Frith, U. 1989 *Autism: Explaining the enigma*. Oxford: Blackwell. (冨田真紀・清水康夫・鈴木玲子（訳）2009『新訂 自閉症の謎を解き明かす』東京書籍)

Gibson, E. J. & Walk, R. D. 1960 The "visual cliff". *Scientific American*, 202, 64-71.

Harris, G. 1997 Development of taste perception and appetite regulation. In G. Bremner, A. Slater, & G. Butterworth (Eds.), *Infant development*. East Sussex: Psychology Press.

毛塚恵美子　2001「子どもの目にうつるもの：知覚の発達と描画の発達」川島一夫（編著）『図でよむ心理学 発達 改訂版』福村出版

橘川真彦　2001「どこまで大きくなるの：運動能力と身体の発達」川島一夫（編著）『図でよむ心理学 発達 改訂版』福村出版

子安増生（編）2005『よくわかる認知発達とその支援』ミネルヴァ書房

Kreutzer, M. A., Leonard, C., & Flavell, J. H. 1975 An interview study of children's knowledge about memory. *Monographs of the Society for Research in Child Development*, 40, 1-58.

Kuhl, P. K., Stevens, E., Hayashi, A., Deguchi, T., Kiritani, S., & Iverson, P. 2006 Infants show a facilitation effect for native language phonetic perception between 6 and 12 months. *Developmental Science*, 9, F13-F21.

Lockl, K. & Schneider, W. 2006 Precursors of metamemory in young children: The role of theory of mind and matacognitive vocabulary. *Metacognition and Learning*, 1, 15-31.

Meltzoff, A. N. & Borton, R. W. 1979 Intermodal matching by human neonates. *Nature*, 282, 403-404.

Perner, J., Frith, U., Leslie, A. M., & Leekam, S. R. 1989 Exploration of the autistic child's theory of mind: Knowledge, belief, and communication. *Child Development*, 60, 688-700.

Piaget, J. 1964 *Six études de psychologie*. Genève: Gonthier. (滝沢武久（訳）1968『思考の心理学：発達心理学の6研究』みすず書房)

Piaget, J. 1970 *L'épistémologie génétique*. Paris: Presses Universitaires de France. (滝沢武久（訳）1972『発生的認識論』白水社)

Piaget, J. & Inhelder, B. 1948 *La représentation de l'espace chez l'enfant*. Paris: Presses Universitaires de France. (Translated by F. J. Langdon & J. L. Lunzer 1956 *The child's conception of space*. London: Routledge & K. Paul.)

Piaget, J. & Inhelder, B. 1966 *La psychologie de l'enfant*. Collection "Que sais-je?", No. 369. Paris: Presses Universitaires de France. (波多野完治・須賀哲夫・周郷博（訳）1969『新しい児童心理学』白水社)

Prechtl, H. F. R., Einspieler, C., Cioni, G., Bos, A. F., Ferrari, F., & Sontheimer, D. 1997 An early marker for neurological deficits after perinatal brain lesions. *Lancet*, 349, 1361-1363.

Prechtl, H. F. R. & Hopkins, B. 1986 Developmental transformations of spontaneous movements in early infancy. *Early Human Development*, 14, 233-238.

Premack, D. & Woodruff, G. 1978 Does the chimpanzee have a theory of mind? *Behavioral and Brain Sciences*, 1, 515-526.

Restak, R. M. 1986 *The Infant Mind*. New York: Doubleday.（河内十郎・高城薫（訳）1989『乳児の脳とこころ』新曜社）

Schacter, D. L. 1987 Implicit memory: History and current status. *Journal of Experimental Psychology: Learning, Memory, and Cognition*, 13, 501-518.

Schwartz, A. N., Campos, J. J., & Baiscl, E. J. 1973 The visual cliff: Cardiac and behavioral responses on the deep and shallow sides at five and nine months of age. *Journal of Experimental Child Psychology*, 15, 86-99.

瀬野由衣　2012「4章　自他の心の理解の始まり」清水由紀・林創（編著）『他者とかかわる心の発達心理学：子どもの社会性はどのように育つか』金子書房

Shirley, M. M. 1933 *The first two years: A study of twenty-five babies*, Vol. 2. Minneapolis, MN: University of Minnesota Press.

Squire, L. R. 1992 Declarative and nondeclarative memory: Multiple brain systems supporting learning and memory. *Journal of Cognitive Neuroscience*, 4, 232-243.

多賀厳太郎　2002『脳と身体の動的デザイン：運動・知覚の非線形力学と発達』金子書房

高橋登　1990「10章　子どもが学ぶもの」荘厳舜哉・根々山光一（編著）『行動の発達を科学する』福村出版

常石秀市　2008　感覚器の成長・発達　バイオメカニズム学会誌, 32(2), 69-73.

Tulving, E. 1972 Episodic and semantic memory. In E. Tulving & W. Donaldson (Eds.), *Organization of memory*. New York: Academic Press.

上原泉　2014　心的用語の理解と過去のエピソードの語りの発達の関係：縦断的な事例データによる予備的検討　お茶の水女子大学人文科学研究, 10, 111-121.

Uehara, I. 2015 Developmental changes in memory-related linguistic skills and their relationship to episodic recall in children. *PLoS ONE*, 10(9): e0137220.

上原泉　2017a「4　乳児期の発達：知覚とコミュニケーション」向田久美子（編著）『新訂 発達心理学概論』放送大学教育振興会

上原泉　2017b「6　幼児期の発達：言葉と認知」向田久美子（編著）『新訂 発達心理学概論』放送大学教育振興会

上原泉　2017c「8　児童期の発達：認知発達と学校教育」向田久美子（編著）『新訂 発達心理学概論』放送大学教育振興会

Von Hofsten, C. & Rosander, K. 1997 Development of smooth pursuit tracking in young infants. *Vision Research*, 37, 1799-1810.

Vygotsky, L. S. 1934 *Мышление и речь*.（柴田義松（訳）1962『思考と言語』明治図書出版）

White, B. L. 1971 Recent additions to what we know about infant behavior. *Human infants: Experience and psychological development*. Englewood Cliffs, NJ: Prentice-Hall.

Wimmer, H. & Perner, J. 1983 Beliefs about beliefs: Representation and constraining function of wrong beliefs in young children's understanding of deception. *Cognition*, 13, 103-128.

山上精次　1996「発達」金城辰夫（編）『図説 現代心理学入門 改訂版』培風館

第3章

Ainsworth, M. D. S. 1967 *Infancy in Uganda*. The Hopkins Press.

Ainsworth, M. D. S., Blehar, M. C., Waters, E., & Wall, S. 1978 *Patterns of attachment: A psychological study of the strange situation*. Lawrence Erlbaum Associates.

Ainsworth, M. D. S. 1989 Attachments beyond infancy. *American Psychologist*, 44, 709-716.

Ainsworth, M. D. S. & Bowlby, J. 1991 An ethological approach to personality development. *American Psychologist*, 46, 333-341.

Biringen, Z., Derscheid, D., Vliegen, N., Closson, L., & Easterbrooks, M. A., 2014 Emotional availability (EA): Theoretical background, empirical research using the EA Scales, and clinical applications. *Developmental Review*, 34, 114-167.

Biringen, Z. & Robinson, J. L. 1991 Emotional availability in mother-child interactions: A reconceptualization for research. *American Journal of Orthopsychiatry*, 61, 258-271.

Bowlby, J. 1969 *Attachment*. Attachment and loss series Vol. 1. The Tavistock Institute of Human Relations.

ボウルビィ, J. 黒田実郎ほか（訳）1976『母子関係の理論Ⅰ　愛着行動』岩崎学術出版社

ボウルビイ, J. 作田勉（監訳）1981『ボウルビイ 母子関係入門』星和書店

ボウルビィ, J. 黒田実郎ほか（訳）1981『母子関係の理論Ⅲ　対象喪失』岩崎学術出版社

ボウルビィ, J. 二木武（監訳）1993『ボウルビィ 母と子のアタッチメント：心の安全基地』医歯薬出版

Bowlby, J. 1988 *A secure base: Clinical applications of attachment theory*. Routledge.

Condon, W. S. & Sander, L. W. 1974 Synchrony demonstrated between movements of the neonate and adult speech. *Child Development*, 45, 456-462.

Fantz, R. L. 1961 The origin of form perception. *Scientific American*, 204, 66-72.

Feldman, R., Gordon, I., Schneiderman, I., Weisman, O., & Zagoory-Sharon, O. 2010 Natural variations in maternal and paternal care are associated with systematic changes in oxytocin following parent-infant contact. *Psychoneuroendocrinology*, 35, 1133-1141.

Feldman, R., Gordon, I., & Zagoory-Sharon, O. 2010 The cross-generation transmission of oxytocin in humans. *Hormones and Behavior*, 58, 669-676.

濱野佐代子（編著）2020『人とペットの心理学：コンパニオンアニマルとの出会いから別れ』北大路書房

繁多進　1978『愛着の発達：母と子の心の結びつき』大日本図書

Harlow, H. F. 1958 The nature of love. *American Psychologist*, 13, 673-685.

ハーロウ, H. F.・メアーズ, C. 梶田正巳ほか（訳）1985『ヒューマンモデル：サルの学習と愛情』黎明書房

Hawes, C. 1999 Attachment relationships in the context of multiple caregivers. In J. Cassidy & P. Shaver (Eds.), *Handbook of attachment*. Guilford.

井上健治・久保ゆかり（編）1997『子どもの社会的発達』東京大学出版会

Katcher, A. H. & Beck, A. M. (Eds.) 1983 *New perspectives on our lives with companion animals*. The University of Pennsylvania Press.

数井みゆき・遠藤利彦（編著）2005『アタッチメント：生涯にわたる絆』ミネルヴァ書房

クラウス, M. H.・ケネル, J. H. 1976 竹内徹ほか（訳）1979『母と子のきずな』医学書院

Levinson, B. M. 1962 The dog as a "co-therapist". *Mental Hygiene*, 46, 59-65.

ローレンツ, K. 日高敏隆（訳）1983『ソロモンの指環：動物行動学入門』早川書房

Main, M. & Solomon, J. 1990 Procedures for identifying as disorganized/disoriented during the Ainsworth Strange Situation. In M. T. Greenberg, D. Cicchetti, & E. M. Cummings (Eds.), *Attachment in the preschool years.* University of Chicago Press.

Main, M. 1996 Introduction to the special section on attachment and psychopathology: 2. Overview of the field of attachment. *Journal of Consulting and Clinical Psychology*, 64(2), 237-243.

Meltzoff, A. N. & Moore, M. K. 1977 Imitation of facial and manual gestures by human neonates. *Science*, 198, 75-78.

Nagasawa, M., Mitsui, S., En, S., Ohtani, N., Ohta, M., Sakuma, Y., Onaka, T., Mogi, K., & Kikusui, T. 2015 Oxytocin-gaze positive loop and the coevolution of human-dog bonds. *Science*, 348(6232), 333-336.

Odendaal, J. S. J. 2000 Animal-assisted therapy: Magic or medicine? *Journal of Psychosomatic Research*, 49, 275-280.

第4章

阿部彩　2012　「豊かさ」と「貧しさ」：相対的貧困と子ども　発達心理学研究, 23, 362-374.

東洋・柏木惠子・ヘス, R. D.　1981『母親の態度・行動と子どもの知的発達：日米比較研究』東京大学出版会

Cassidy, J. 1988 Child-mother attachment and the self in six-year-olds. *Child Development*, 59, 121-134.

Cimpian, A., Hammond, M. D., Mazza, G., & Corry, G. 2017 Young children's self-concepts include representations of abstract traits and the global self. *Child Development*, 88, 1786-1798.

Coopersmith, S. 1967 *The antecedents of self-esteem.* New York: W. H. Freeman.

Erikson, E. H. 1959 *Identity and the life cycle.* International Universities Press. （西平直・中島由恵（訳）2011『アイデンティティとライフサイクル』誠信書房）

Field, T. M. 1979 Differential behavioral and cardiac responses of 3-month-old infants to a mirror and peer. *Infant Behavior & Development*, 2, 179-184.

Fivush, R. 2001 The development of autobiographical memory. *Annual Review of Psychology*, 62, 559-582.

Fivush, R. & Haden, C. A. (Eds.) 2003 *Autobiographical memory and the construction of a narrative self: Developmental and cultural perspectives.* Lawrence Erlbaum Associates.

Gallup, G. G. 1970 Chimpanzees: Self-recognition. *Science*, 167, 86-87.

Gilead, M., Katzir, M., Eyal, T., & Liberman, N. 2016 Neural correlates of processing "self-conscious" vs. "basic" emotions. *Neuropsychologia*, 81, 207-218.

Harter, S. 2012 *The construction of the self: Developmental and sociocultural foundations*, 2nd ed. New York: Guilford Press.

平井美佳　2017　幼児における自己と他者の調整とその発達　教育心理学研究, 65, 211-224.

平井美佳・神前裕子・長谷川麻衣・髙橋惠子　2015　乳幼児にとって必須な養育環境とは何か：市民の素朴信念　発達心理学研究, 26, 55-70.

平木典子　2015『アサーションの心：自分も相手も大切にするコミュニケーション』朝日新聞出版

James, W. 1890 *The principles in psychology.* New York: Henry Holt & Co.

柏木惠子　1988『幼児期のおける「自己」の発達：行動の自己制御機能を中心に』東京大学出版会

Khaleque, A. 2017 Perceived parental hostility and aggression, and children's psychological maladjustment, and negative personality dispositions: A meta-analysis. *Journal of Child and Family Studies,* 26, 977-988.

木下孝司　2001　遅延提示された自己映像に関する幼児の理解：自己認知・時間的視点・「心の理論」の関連　発達心理学研究, 12, 185-194.

小松孝至　2006　母子の会話の中で構成される幼児の自己：「自己と他者との関連づけ」に着目した1事例の縦断的検討　発達心理学研究, 17, 115-125.

厚生労働省　2020　2019年国民生活基礎調査の概況　Ⅱ各種世帯の所得等の状況（https://www.mhlw.go.jp/toukei/saikin/hw/k-tyosa/k-tyosa19/dl/03.pdf）

Lapan, C. & Boseovski, J. J. 2017 When peer performance matters: Effects of expertise and traits on children's self-evaluations after social comparison. *Child Development,* 88, 1860-1872.

Lewis, M. 1995 *Shame: The exposed self.* The Free Press.（高橋惠子（監訳）1997『恥の心理学：傷つく自己』ミネルヴァ書房）

Lewis, M. & Brooks-Gunn, J. 1979 *Social cognition and the acquisition of self.* New York: Plenum Press.

Mischel, W. 2014 *The marshmallow test: Mastering self-control.* New York: Little, Brown and Co.（柴田裕之（訳）2015『マシュマロ・テスト：成功する子・しない子』早川書房）

Neisser, U. 1988 Five kinds of self-knowledge. *Philosophical Psychology,* 1, 35-59.

Nelson, K. 2007 *Young minds in social worlds: Experience, meaning, and memory.* Harvard University Press.

大内晶子・長尾仁美・櫻井茂男　2008　幼児の自己制御機能尺度の検討　教育心理学研究, 56, 414-425.

Povinelli, D. J., Landau, K. R., & Perilloux, H. K. 1996 Self-recognition in young children using delayed versus live feedback: Evidence of a developmental asynchrony. *Child Development,* 67, 1540-1554.

Rochat, P. 2009 *Others in mind: Social origins of self-consciousness.* New York: Cambridge University Press.

Rochat, P. & Hespos, S. J. 1997 Differential rooting response by neonates: Evidence for an early sense of self. *Early Development and Parenting,* 6, 105-112.

佐久間路子　2006『幼児期から青年期にかけての関係的自己の発達』風間書房

佐藤淑子　2001『イギリスのいい子日本のいい子：自己主張とがまんの教育学』中央公論新社

Thomaes, S., Brummelman, E., & Sedikides, C. 2017 Why most children think well of themselves. *Child Development,* 88, 1873-1884.

Tomasello, M. 2019 *Becoming Human: A theory of ontogeny.* Cambridge, MA: Belknap Press of Harvard University Press.

山本愛子　1995　幼児の自己調整能力に関する発達的研究：幼児の対人葛藤場面における自己主張解決方略について　教育心理学研究, 43, 42-51.

第5章

Barrett, K. C. 2005 The origins of social emotions and self-regulation in toddlerhood. *Cognition and Emotion*, 19, 953-979.

Campos, J. & Sternberg, C. 1981 Perception, appraisal, and emotion: The onset of social referencing. In M. Lamb & L. Sherrod (Eds.), *Infant social cognition*. Hillsdale, NJ: Lawrence Erlbaum Associates.

Cole, P. M. 1986 Children's spontaneous control of facial expression. *Child Development*, 57, 1309-1321.

Denham, S. A. 1998 *Emotional development in young children*. Guilford Press.

Dunn, J., Brown, J., Slomkowski, C., Tesla, C., & Youngblade, L. 1991 Young children's understanding of other people's feelings and beliefs: Individual differences and their antecedents. *Child Development*, 62, 1352-1366.

Fonagy, P., Gergely, G., Jurist, E. L., & Target, M. 2002 *Affect regulation, mentalization, and the development of the self*. New York: Other Press LLC.

Gottman, J. M., Katz, L. F., & Hooven, C. 2013 *Meta-emotion: How families communicate emotionally*. Routledge.

Izard, C. E., Fantauzzo, C. A., Castel, J. M., et al. 1995 The ontogeny and significance of infants' facial expressions in the first 9 months of life. *Developmental Psychology*, 31, 997-1013.

久保ゆかり　2010　幼児期における情動調整の発達：変化、個人差、および発達の現場を捉える　心理学評論, 53(1), 6-19.

久保ゆかり　2016　幼児の感情語りの世界：何に支えられ何を支えるのか　エモーション・スタディーズ, 2(1), 10-15.

Lewis, M. 2000 The emergence of human emotions. In L. F. Barrett, M. Lewis, & J. M. Haviland-Jones (Eds.), *Handbook of emotions* (4th ed., pp.265-280). NY: Guilford Press.

松阪崇久　2016　保育における子どもの笑いと人間関係　笑い学研究, 23, 18-32.

Messinger, D. & Fogel, A. 2007 The interactive development of social smiling. *Advances in Child Development and Behavior*, 35, 327-366.

森野美央　2010　幼児期における感情理解　心理学評論, 53(1), 20-32.

サーニ, C.　佐藤香（監訳）2006『感情コンピテンスの発達』ナカニシヤ出版

坂上裕子　2000　情動表出に関する幼児の認識　日本発達心理学会第11回大会発表論文集, 348.

篠原郁子　2013『心を紡ぐ心』ナカニシヤ出版

白石正久　2013『子どものねがい・子どものなやみ：乳幼児の発達と子育て』クリエイツかもがわ

Sroufe, L. A. 1996 *Emotional development: The organization of emotional life in the early years*. Cambridge University Press.

Wellman, H. M., Harris, P. L., Banerjee, M., & Sinclair, A. 1995 Early understanding of emotion: Evidence from natural language. *Cognition and Emotion*, 9(2/3), pp.117-149.

第6章

天野清　1970　語の音韻構造の分析行為の形成とかな文字の読みの学習　教育心理学研究, 18, 76-88.

DeCasper, A. J. & Fifer, W. P. 1980 Of human bonding: Newborns prefer their mother's voices.

Science, 208, 1174-1176.

Dixon, L. Q., Zhao, J., Shin, J-Y., Wu, S., Su, J-H., Burgess-Brigham, R., Gezer, M. U., & Snow, C. 2012 What we know about second language acquisition: A synthesis from four perspectives. *Review of Educational Research*, 82, 5-60.

江尻桂子　1999　ろう児と健聴児の比較からみた前言語期の乳児の音声と身体運動の同期現象　教育心理学研究, 47, 1-10.

針生悦子　2019『赤ちゃんはことばをどう学ぶのか』中央公論新社

Kuhl, P. K., Tsao, F-M., & Liu, H-M. 2003 Foreign-language experience in infancy: Effects of short-term exposure and social interaction on phonetic learning. *Proceedings of the National Academy of Sciences of the United States of America*, 100, 9096-9101.

Kuhl, P. K., Stevens, E., Hayashi, A., Deguchi, T., Kiritani, S., & Iverson, P. 2006 Infants show a facilitation effect for native language phonetic perception between 6 and 12 months. *Developmental Science*, 9, F13-F21.

MacSwan, J. & Pray, L. 2005 Learning English bilingually: Age of onset of exposure and rate of acquisition among English language learners in a bilingual education program. *Bilingual Research Journal*, 29, 653-678.

Moon, C., Cooper, R. P., & Fifer, W. 1993 Two-day-olds prefer their native language. *Infant Behavior and Development*, 16, 495-500.

中島和子　2016『完全改訂版 バイリンガル教育の方法』アルク

小椋たみ子・綿巻徹　2004『日本語マッカーサー乳幼児言語発達質問紙：「語と身振り」手引』京都国際社会福祉センター

岡本夏木　1982『子どもとことば』岩波書店

岡本夏木　1985『ことばと発達』岩波書店

Sebastián-Gallés, N., Bosch, L., & Pons, F. 2009 Bilingualism. In J. B. Benson & M. M. Haith (Eds.), *Language, memory and cognition in infancy and early childhood*. Academic Press.

Singh, L., Morgan, J. L., & White, K. S. 2004 Preference and processing: The role of speech affect in early spoken word recognition. *Journal of Memory and Language*, 51, 173-189.

ヴィゴツキー、L.　柴田義松（訳）1981『思考と言語』明治図書出版

綿巻徹・小椋たみ子　2004『日本語マッカーサー乳幼児言語発達質問紙：「語と文法」手引』京都国際社会福祉センター

横山正幸　1990　幼児の連体修飾発話における助詞「ノ」の誤用　発達心理学研究, 1, 2-9.

第7章

遠藤利彦・佐久間路子・徳田治子・野田淳子　2011『乳幼児のこころ：子育ち・子育ての発達心理学』有斐閣

掘越紀香　2018　幼児期におけるふざけ行動の意義　子ども学, 6, 97-126.

河崎道夫（編著）1983『子どものあそびと発達』ひとなる書房

小林寛道ほか　1990『幼児の発達運動学』ミネルヴァ書房

小西祐馬・川田学（編著）2019『シリーズ子どもの貧困2 遊び・育ち・経験：子どもの世界を知る』明石書店

小山高正・田中みどり・福田きよみ（編）2014『遊びの保育発達学：遊び研究の今、そして未来に向

けて』川島書店

Lillard, A. S. 2015 The development of play. In L. S. Lynn & U. Müller (Eds.), *Handbook of child psychology and developmental science*, Vol. 2, Cognitive processes, 7th ed. Wiley.

松嵜洋子・無藤隆・石沢順子・佐々木玲子　2011　幼児の身体の能力の発達に関する研究：経験の効果　埼玉学園大学紀要人間学部篇, 11, 145-156.

文部科学省国立教育政策研究所教育課程研究センター　2015　スタートカリキュラムスタートブック（https://www.nier.go.jp/kaihatsu/pdf/startcurriculum_mini.pdf）

中野茂　2019　「総論 遊びの力：ポジティブな可能性」『発達158』ミネルヴァ書房

中田基昭（編著）2016『遊びのリアリティー：事例から読み解く子どもの豊かさと奥深さ』新曜社

中澤潤　1992　新入園児の友人形成：初期相互作用行動、社会的認知能力と人気　保育学研究, 30, 98-106.

サラチョ, O. N.・スポデック, B.（編著）白川蓉子・山根耕平・北野幸子（訳）2008『乳幼児教育における遊び：研究動向と実践への提言』培風館

Sawyer, R. K. 1995 Creativity as mediated action: A comparison of improvisational performance and product creativity. *Mind, Culture, and Activity*, 2(3), 172-191.

汐見稔幸　2007「2章　乳児保育の実際」汐見稔幸・小西行郎・榊原洋一（編）『乳児保育の基本』フレーベル館

Smith, P. K. & Roopnarine, J. L. 2018 *The cambridge handbook of play: Developmental and disciplinary perspectives*. Cambridge University Press.

砂上史子　2000　ごっこ遊びにおける身体とイメージ：イメージの共有として他者と同じ動きをすること　保育学研究, 38(2), 41-48.

謝文慧　1999　新入幼稚園児の友だち関係の形成　発達心理学研究, 10(3), 199-208.

高橋たまき　1984『乳幼児の遊び：その発達プロセス』新曜社

高橋たまき・平出彦仁・前典子ほか　1972　遊びの発達心理学に関する基礎的研究　日本女子大学児童研究所紀要, 1, 25-42.

外山紀子　2008　食事場面における1～3歳児と母親の相互交渉：文化的な活動としての食事の成立　発達心理学研究, 19(3), 232-242.

World Health Organization 2019 Guidelines on physical activity, sedentary behaviour and sleep for children under 5 years of age. (https://www.who.int/publications/i/item/9789241550536)

山本多喜司・ワップナー, S.（編著）1991『人生移行の発達心理学』北大路書房

幼児期運動指針策定委員会　2012　幼児期運動指針　文部科学省（https://www.mext.go.jp/a_menu/sports/undousisin/1319771.htm）

第8章

Aknin, L. B., Hamlin, J. K., & Dunn, E. W. 2012 Giving leads to happiness in young children. *PLoS ONE*, 7, e39211.

東洋　1994『日本人のしつけと教育：発達の日米比較にもとづいて』東京大学出版会

Eisenberg, N. & Mussen, P. H. 1989 *The roots prosocial behavior in children*. Cambridge University Press.（菊池章夫・二宮克美（訳）1991『思いやり行動の発達心理』金子書房）

Hamlin, J. K., Wynn, K., & Bloom, P. 2007 Social evaluation by preverbal infants. *Nature*, 450, 557-560.

Hamlin, J. K., Wynn, K., Bloom, P., & Mahajan, N. 2011 How infants and toddlers react to antisocial others. *Proceedings of the National Academy of Sciences*, 108, 19931-19936.

長谷川真里　2018『子どもは善悪をどのように理解するのか？：道徳性発達の探究』ちとせプレス

畠山美穂・畠山寛　2012　関係性攻撃幼児の共感性と道徳的判断、社会的情報処理過程の発達研究　発達心理学研究, 23, 1-11.

鹿子木康弘　2014　発達早期における向社会性：その性質と変容　発達心理学研究, 25, 443-452.

熊木悠人　2016　幼児期の分配行動の発達的基盤：動機の変化と実行機能の役割　発達心理学研究, 27, 167-179.

中尾央　2015　共感・共感的配慮と道徳性　心理学評論, 58, 236-248.

Nolen-Hoeksema, S., Fredrickson, B. L., Loftus, G. R., & Lutz, C. 2014 *Atkinson & Hilgard's introduction to psychology*, 16th ed. Cengage Learning.（内田一成（監訳）2015『ヒルガードの心理学 第16版』金剛出版）

Olson, K. R. & Spelke, E. S. 2008 Foundations of cooperation in young children. *Cognition*, 108, 222-231.

Tobin, J., Hsueh, Y., & Karasawa, M. 2009 *Preschool in three cultures revisited: China, Japan, and the United States*. The University of Chicago Press.

Warneken, F. & Tomasello, M. 2008 Extrinsic rewards undermine altruistic tendencies in 20-month-olds. *Developmental Psychology*, 44, 1785-1788.

Williams, A., O'Driscoll, K., & Moore, C. 2014 The influence of empathic concern on prosocial behavior in children. *Frontiers in Psychology*, 5, 1-8.

第9章

発達障害の支援を考える議員連盟（編著）2017『改正発達障害者支援法の解説：正しい理解と支援の拡大を目指して』ぎょうせい

本郷一夫（編著）2018『「気になる」子どもの社会性発達の理解と支援』北大路書房

井上雅彦・原口英之・石坂美和　2019『発達が気になる幼児の親面接：支援者のためのガイドブック』金子書房

石井正子・中村徳子（編著）2019『教職に生かす教育心理学』みらい

伊藤健次（編）2016『新・障害のある子どもの保育 第3版』みらい

『子育て支援と心理臨床』編集委員会（編）2016「特集：発達のアセスメントと子育て支援」『子育て支援と心理臨床 vol.12』福村出版

森則夫・杉山登志郎・岩田泰秀（編著）2014『臨床家のための DSM-5 虎の巻』日本評論社

日本精神神経学会（監）2014『DSM-5 精神疾患の診断・統計マニュアル』医学書院

荻原はるみ　1997「発達の遅滞と臨床」新井邦二郎（編）『図でわかる発達心理学』福村出版

岡田喜篤（監）小西徹・井合瑞江・石井光子・小沢浩（編）2015『新版 重症心身障害療育マニュアル』医歯薬出版

杉山登志郎　2007『子ども虐待という第四の発達障害』学習研究社

鈴木康之・舟橋満寿子（編）2019『新生児医療から療育支援へ：すべてのいのちを育むために』インターメディカ

内多勝康　2018『「医療的ケア」の必要な子どもたち：第二の人生を歩む元NHKアナウンサーの奮闘記』ミネルヴァ書房

幼児吃音臨床ガイドライン作成班　2021　幼児吃音臨床ガイドライン（第1版）（https://plaza.umin.ac.jp/kitsuon-kenkyu/guideline/v1/YoujiKitsuonCGL2021.pdf）

柚木馥・白崎研司　1988「精神遅滞」平山宗宏ほか（編）『現代子ども大百科』中央法規出版

第10章

上里一郎（監）2001『心理アセスメントハンドブック 第2版』西村書店

旭出学園教育研究所（編）2015『S-M社会生活能力検査の活用と事例：社会適応性の支援に活かすアセスメント』日本文化科学社

遠城寺宗徳　2009『遠城寺式・乳幼児分析的発達検査法：九州大学小児科改訂新装版』慶應義塾大学出版会

Frankenburg, W. K.　日本小児保健協会（編）2003『DENVER Ⅱ：デンバー発達判定法』日本小児医事出版社

平山宗宏・中村敬・川井尚（編）2005『育児の事典』朝倉書店

稲田尚子・神尾陽子　2008　自閉症スペクトラム障害（ASD）の早期診断へのM-CHATの活用　小児科臨床, 61, 2435-2439.

カウフマン, A. S. ほか　藤田和弘ほか（監）2014『エッセンシャルズ KABC-Ⅱによる心理アセスメントの要点』丸善出版

久保山茂樹・小林倫代　2000　保護者の「語り」から考える早期からの教育相談　国立特殊教育総合研究所教育相談年報, 21, 11-20.

黒川祐貴子・青木紀久代・山﨑玲奈　2014　関わりの難しい保護者像と保育者のバーンアウトの実態：保育者へのサポート要因を探る　小児保健研究, 73(4), 539-546.

日本版 WISC-Ⅴ刊行委員会　上野一彦・石隈利紀・大六一志・松田修・名越斉子・中谷一郎（作成）2021『WISC-Ⅴ知能検査　実施・採点マニュアル』日本文化科学社

SDQ-JV　2019　子どもの強さと困難さアンケート（https://ddclinic.jp/SDQ/index.html）

嶋津峯眞（監）1985『新版K式発達検査法』ナカニシヤ出版

田中教育研究所（編）2003『田中ビネー知能検査Ⅴ』田研出版

辻井正次（監）2014『発達障害児者支援とアセスメントのガイドライン』金子書房

津守真・稲毛教子　1961『増補 乳幼児精神発達診断法：0才〜3才まで』大日本図書

津守真・磯部景子　1965『乳幼児精神発達診断法：3才〜7才まで』大日本図書

上野一彦・名越斉子・小貫悟　2008『PVT-R絵画語い発達検査手引』日本文化科学社

第11章

秋田喜代美（監）2016『あらゆる学問は保育につながる：発達保育実践政策学の挑戦』東京大学出版会

ベネッセ教育総合研究所　2016　第5回 幼児の生活アンケート（https://benesse.jp/berd/up_images/research/YOJI_all_P01_65.pdf）

男女共同参画局　2022　男女共同参画白書 令和3年版　女性の年齢階級別労働力率の推移（https://www.gender.go.jp/about_danjo/whitepaper/r03/zentai/html/zuhyo/zuhyo01-02-04.html）

独立行政法人労働政策研究・研修機構　2022　早わかり グラフでみる長期労働統計（https://www.jil.go.jp/kokunai/statistics/timeseries/index.html）

ヘックマン，J.　古草秀子（訳）2015『幼児教育の経済学』東洋経済新報社

株式会社シード・プランニング　2019　諸外国における保育の質の捉え方・示し方に関する研究会（保育の質に関する基本的な考え方や具体的な捉え方・示し方に関する調査研究事業）報告書（https://www.mhlw.go.jp/content/11907000/000533050.pdf）

経済協力開発機構　2012　子どもの学習と発達の向上には品質基準が不可欠（https://www.oecd.org/tokyo/newsroom/httpwwwoecdorgnewsroomstarting-strong-iii-jan2012j.htm）

経済協力開発機構（編著）無藤隆・秋田喜代美（監訳）2018『社会情動的スキル：学びに向かう力』明石書店

厚生省　1998　厚生白書 平成10年版（https://www.mhlw.go.jp/toukei_hakusho/hakusho/kousei/1998/）

厚生労働省　2015　平成27年 地域児童福祉事業等調査結果の概況（https://www.mhlw.go.jp/toukei/saikin/hw/jidou/15/index.html）

厚生労働省　2021　保育所等関連状況取りまとめ（令和3年4月1日）（https://www.mhlw.go.jp/content/11922000/000678692.pdf）

大日向雅美　2001　日本赤ちゃん学会第1回学術集会シンポジウム2　3歳児神話を検証する2：育児の現場から（https://www2.jsbs.gr.jp/SCIENCE/OHINATA/index.html）

汐見稔幸・松本園子・髙田文子・矢治夕起・森川敬子　2017『日本の保育の歴史：子ども観と保育の歴史150年』萌文書林

佐藤裕子　2017　20〜30代正社員の労働時間についての実態と意識：ムダを省き多様性を生かす労働時間マネジメントを　RMSメッセージ, 46, 23-28.

人名索引

事項索引

執筆者一覧

編者

石井　正子　昭和女子大学、渋谷教育学園晴海西こども園

向田久美子　放送大学教養学部

坂上　裕子　青山学院大学教育人間科学部

執筆者〈執筆順、（　）内は執筆担当箇所〉

向田久美子（第1章、第8章）編者

上原　　泉（第2章）お茶の水女子大学人間発達教育科学研究所

濱野佐代子（第3章）日本獣医生命科学大学獣医学部

平井　美佳（第4章）聖心女子大学現代教養学部

坂上　裕子（第5章）編者

針生　悦子（第6章）東京大学大学院教育学研究科

松嵜　洋子（第7章）明治学院大学心理学部

石井　正子（第9章、第11章）編者

安藤　朗子（第10章）日本女子大学家政学部

●カバーイラスト　磯村仁穂

新 乳幼児発達心理学 [第2版]
—— 子どもがわかる　好きになる

2023 年 4 月 20 日　初版第 1 刷発行
2024 年 10 月 30 日　　　第 3 刷発行

編著者　石井正子・向田久美子・坂上裕子
発行者　宮下基幸
発行所　福村出版株式会社
　　　　〒 104-0045　東京都中央区築地 4-12-2
　　　　電話　03-6278-8508　FAX　03-6278-8323
　　　　https://www.fukumura.co.jp
印　刷　株式会社文化カラー印刷
製　本　協栄製本株式会社